La pêche aux Éditions Ouest-France

Pêche, guides pratiques

Le lancer et les leurres – la pêche à la mouche en mer
Manuel pratique de la pêche en mer et en eau douce
Les pêches de la truite
Les pêches du bar
Les pêches du brochet
Les pêches en mer (bord et bateau)
Pêches pratiques en eau douce
Répertoire des étangs et plans d'eau dans le Morbihan
Répertoire des étangs et plans d'eau en Loire-Atlantique
Le surf-casting
Toutes les pêches de la côte
Toutes les pêches en bateau
Toutes les pêches en eau douce
Toutes les pêches en lacs et étangs
Toutes les pêches en Méditerranée
Toutes les pêches en mer
Tous les bas de ligne pour la pêche en bateau (en mer)
Toutes les bases du montage de mouches
Toutes les lignes pour la pêche en eau douce

Pêche, poches

Appâts et eschages pour la pêche en mer
Les meilleurs appâts pour la pêche en eau douce
La pêche au bord de mer en 12 leçons
La pêche en eau douce en 12 leçons
Les pêches portuaires, digues, quais et ports
Tous les bas de ligne pour la pêche du bord de mer

A paraître

Le sens marin : comprendre la mer pour mieux pêcher

Conception et réalisation de la couverture :
Éric Mahé

Illustration de couverture :
Luc Bodis

Luc Bodis

Manuel pratique de la Pêche en mer et en eau douce

Illustrations de l'auteur

Éditions Ouest-France
13, rue du Breil, Rennes

PRÉFACE

Une enquête l'a démontré : la plupart des pêcheurs débutent avant 26 ans.*

Quel est le jeune qui n'est pas fasciné par l'eau ? Quoi qu'on fasse ce milieu restera pour nous mystérieux, parce que différent de celui dans lequel nous évoluons.

Quelle tentation pour un enfant de tenter de capturer un poisson, de prendre cet animal au corps froid, glissant, couvert d'écailles, de découvrir la vie des eaux !

De la réussite des premières parties de pêche dépend toujours la persévérance dans cette activité. Souvenez-vous de vos premières pêches, de votre premier poisson. Vous ne saviez pas que ce jour-là, vous découvriez une activité de loisir, une passion qui ne vous lâcherait plus.

Aujourd'hui, la pêche a plus de quatre millions d'adeptes et les conditions de vie de notre société ont beaucoup évolué. Les temps de loisirs ont largement augmenté. De plus une certaine recherche d'activités de nature fait que la pêche est pratiquée par de plus en plus d'adeptes. Il suffit pour cela de se rendre sur les lieux de vacances pour voir l'engouement que suscite ce loisir parmi les estivants au bord d'une rivière, d'un lac ou de la mer.

Faciliter l'apprentissage ou comment préparer de nouvelles pêches, voilà les objectifs que s'est fixés Luc Bodis dans le « Manuel pratique de la pêche », un livre original de dessins très clairs.

AVANT-PROPOS

Ce « Manuel pratique de la pêche » s'adresse à tous, du plus jeune au vétéran, du débutant au pêcheur expérimenté, qu'on pratique en eau douce ou en eau salée.

Et si, au fil des pages, vous découvrez ou redécouvrez certains petits trucs, certains tours de mains ou quelques techniques particulières, c'est à tous les célèbres Maîtres Pêcheurs qu'on le doit. C'est aussi grâce à ces initiés de saint Pierre, moins connus certes, mais eux aussi fins experts en art halieutique que l'on rencontre çà et là au bord de l'eau. Qu'ils en soient les uns et les autres tous remerciés.

L. B.

''Si la pêche doit se pratiquer sérieusement... nul n'est tenu pour autant de se prendre au sérieux !''

PRINCIPES DE BASE

L'HAMEÇON MONTÉ :

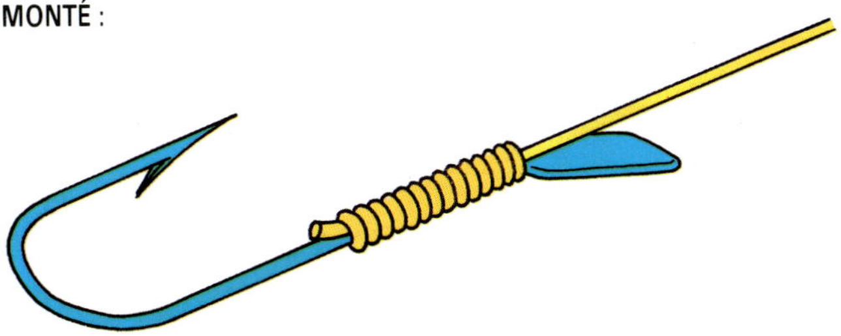

Un hameçon correctement monté doit avoir son bas de ligne devant la palette et non derrière.

LES LIGNES POUR PÊCHE AU COUP :

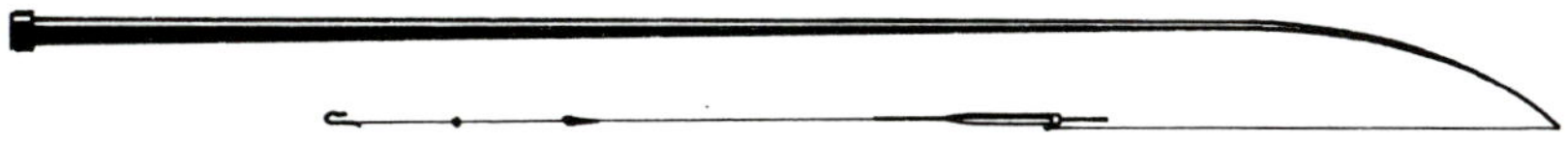

La ligne équipant une canne à scion souple doit avoir 60 cm de moins que la canne elle-même.

La ligne (y compris le caoutchouc amortisseur) doit avoir au minimum 70 cm de moins que la canne elle-même.

A noter que dans les pêches à déboîter, ces mesures ne tiennent pas compte des rallonges.

ÉQUILIBRAGE DES FLOTTEURS :

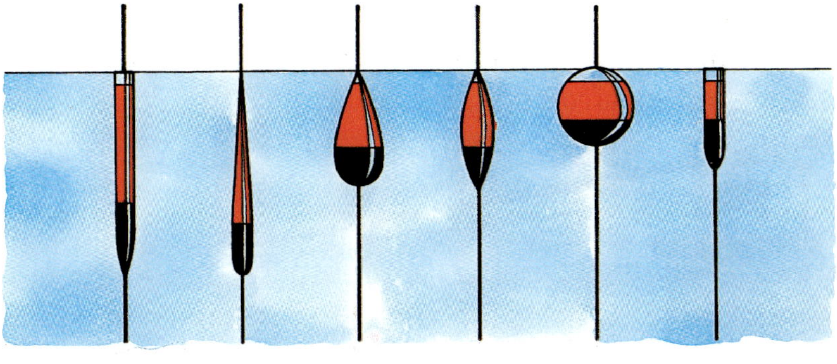

PRINCIPES DE BASE

LE SONDAGE :

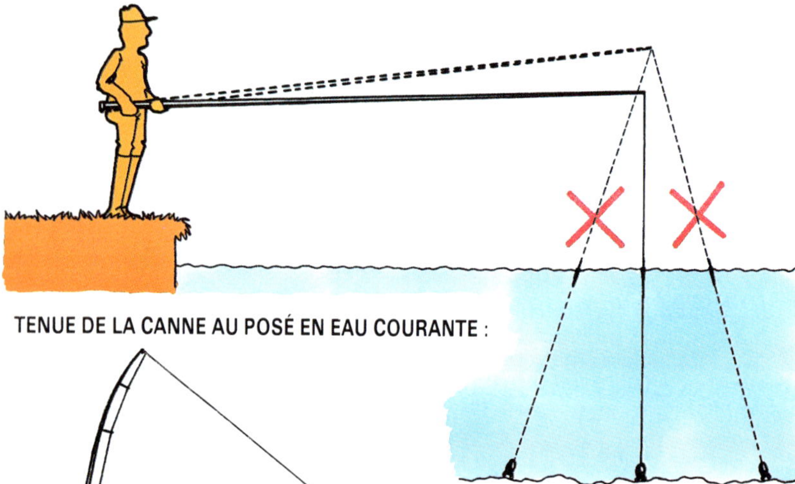

TENUE DE LA CANNE AU POSÉ EN EAU COURANTE :

TENUE DE LA CANNE AU POSÉ EN EAU DORMANTE :

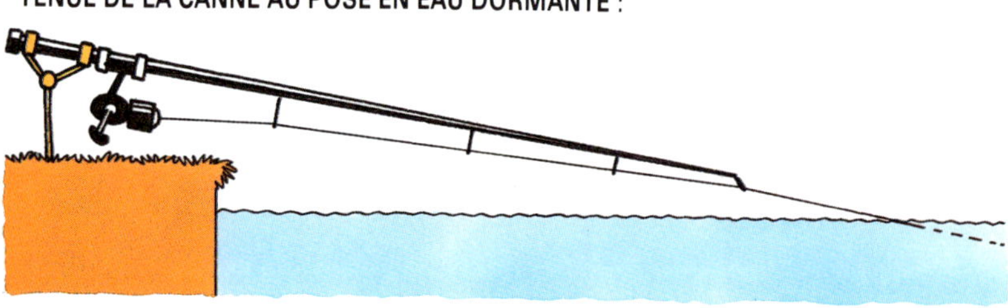

NŒUDS DE MONTAGE DES HAMEÇONS À PALETTE

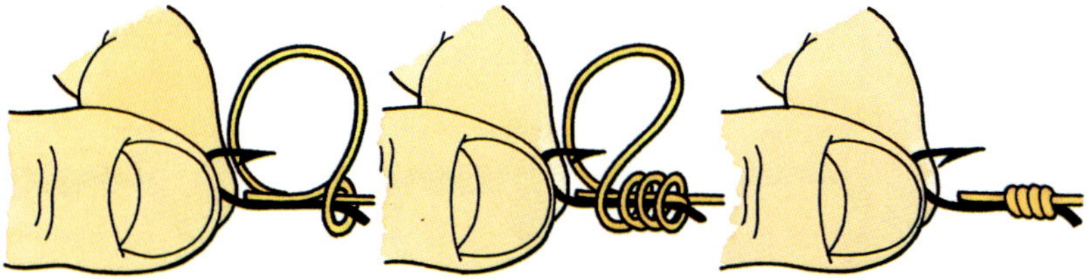

Former une boucle avec deux extrémités du bas de ligne. Enrouler l'un d'eux autour de la hampe vers la courbure de l'hameçon. Tirer sur le brin dépassant côté palette et couper l'excédent de fil.

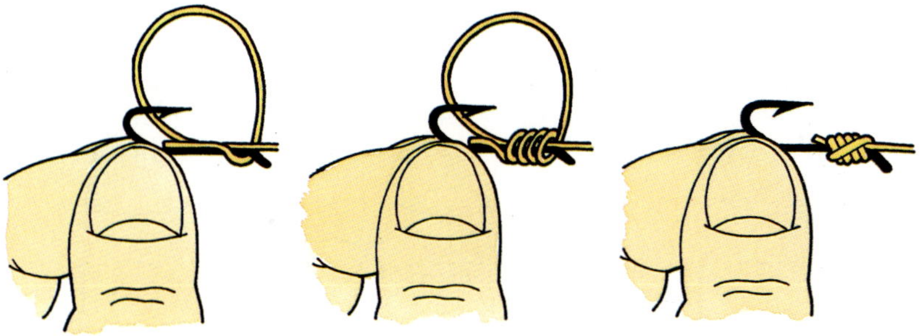

Même début que le nœud précédent. Enrouler sur la hampe la boucle en remontant vers la palette. Tirer et serrer.

Faire un double nœud autour de la hampe afin d'obtenir un huit. Serrer le nœud en tirant de chaque côté et couper l'excédent de fil.

NŒUDS DE MONTAGE DES HAMEÇONS À PALETTE

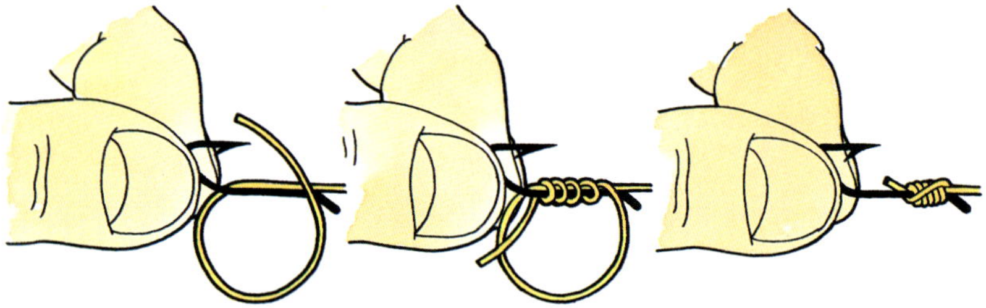

Faire une boucle avec l'extrémité du fil. Faire 5 ou 6 tours morts autour de la hampe en partant de la palette vers la courbe de l'hameçon. Tirer sur le brin faisant corps avec la hampe et couper l'excédent de fil.

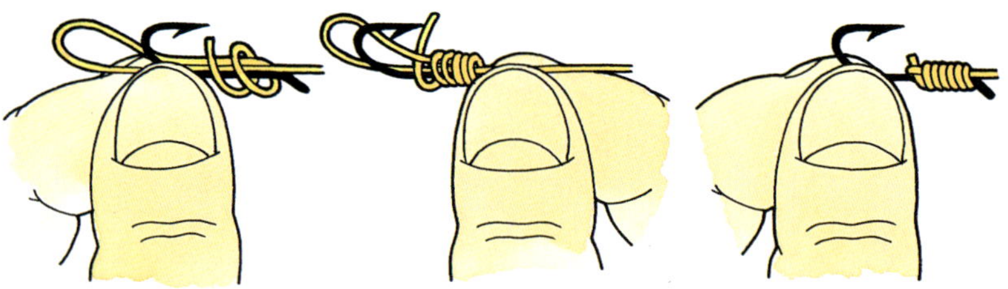

Replier l'extrémité du fil en plaçant l'ensemble à l'intérieur de la hampe. Faire 5 ou 6 tours morts autour de la hampe en partant de la palette vers la courbe de l'hameçon, puis passer l'extrémité du fil dans la boucle. Tirer sur le brin faisant corps avec la hampe et couper l'excédent de fil.

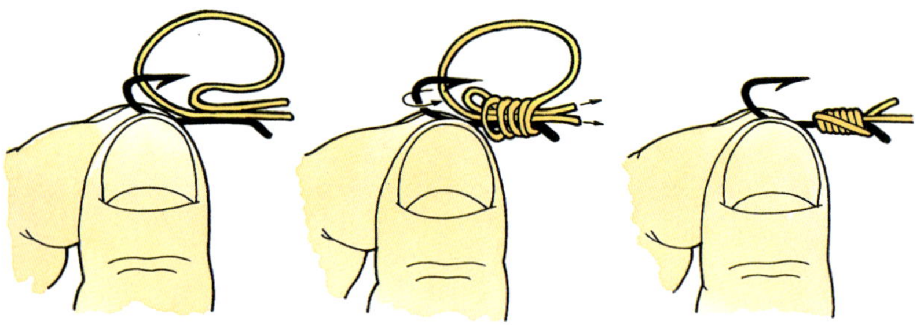

Faire une boucle en juxtaposant les extrémités du bas de la ligne contre la hampe. Faire 5 ou 6 tours morts avec la partie extérieure de la boucle en partant de la courbe vers la palette. Passer la boucle de l'autre côté de l'hameçon. Tirer à la fois sur les deux brins faisant corps avec la hampe. Laisser quelques mm en excédent (cela servant d'ergot dans la pêche au ver).

NŒUDS DE MONTAGE DES HAMEÇONS À ŒILLET

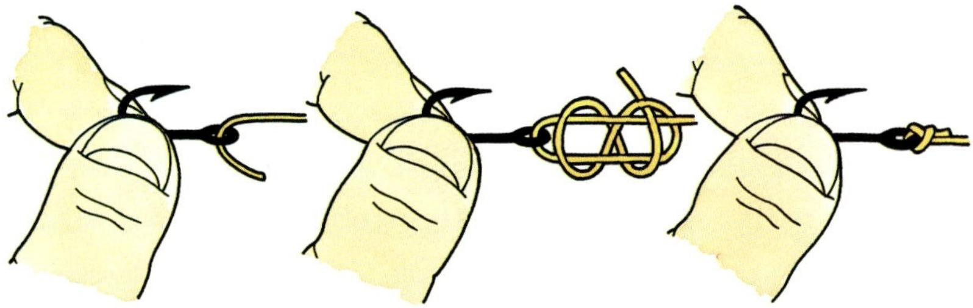

Passer l'extrémité du fil dans l'œillet. Faire une sorte de huit autour des deux brins, puis passer l'extrémité du fil dans la boucle extérieure, au-dessus des deux brins. Tirer sur le brin principal et couper l'excédent de fil.

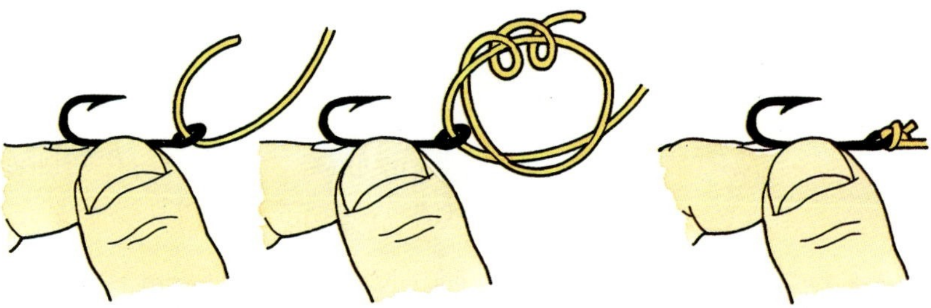

Passer l'extrémité du fil dans l'œillet. Faire un nœud, puis un deuxième dans la même boucle. Tirer sur le brin principal et couper l'excédent de fil.

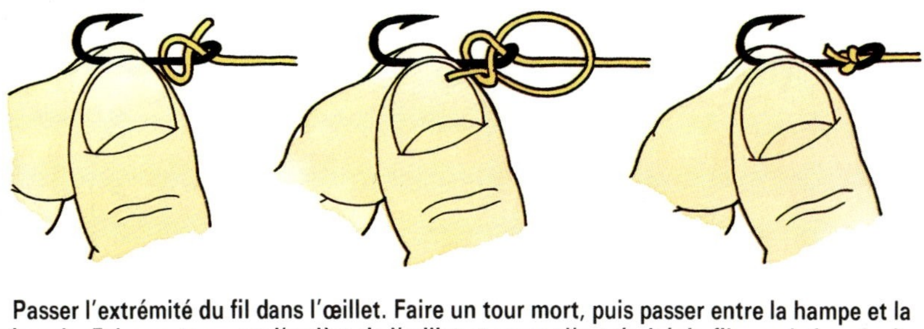

Passer l'extrémité du fil dans l'œillet. Faire un tour mort, puis passer entre la hampe et la boucle. Faire un tour vers l'arrière de l'œillet et passer l'extrémité du fil sous la boucle du tour mort. Tirer sur le brin principal en ne coupant pas à ras l'excédent de fil.

NŒUDS DE MONTAGE DES HAMEÇONS À ŒILLET

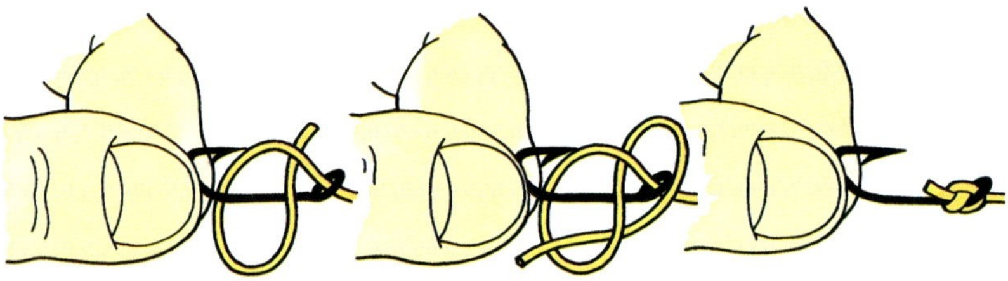

Passer l'extrémité du fil dans l'œillet. Contourner la hampe, puis passer le brin sous la boucle en le ramenant sous le tour mort. Tirer et serrer.

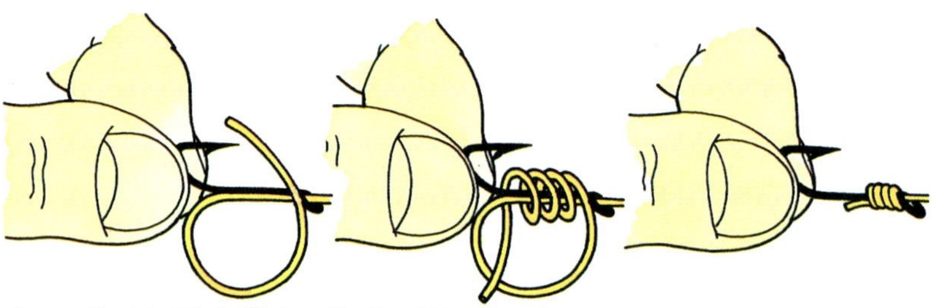

Passer l'extrémité du fil dans l'œillet. Faire 5 ou 6 tours morts autour de la hampe en partant de l'œillet vers la courbe de l'hameçon. Tirer sur le brin faisant corps avec la hampe. Couper l'excédent de fil.

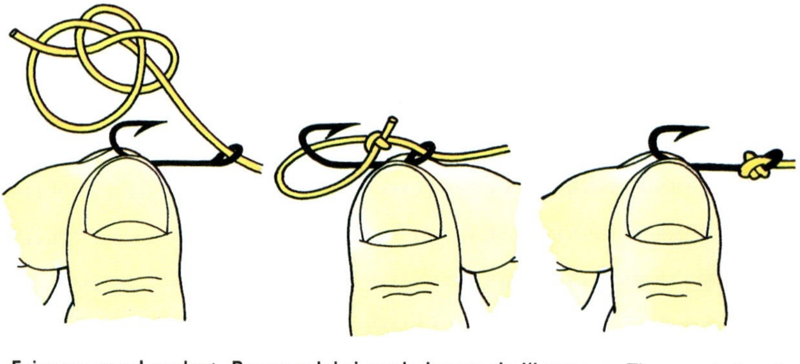

Faire un nœud coulant. Passer celui-ci sur la hampe de l'hameçon. Tirer sur le bas de ligne pour serrer le nœud près de l'œillet.

NŒUDS DE MONTAGE POUR LEURRES

Passer l'extrémité du fil dans l'œillet du leurre. Faire 3 ou 4 tours morts en remontant, puis passer l'extrémité du fil dans la boucle près de l'œillet. Tirer sur le brin principal et couper l'excédent de fil.

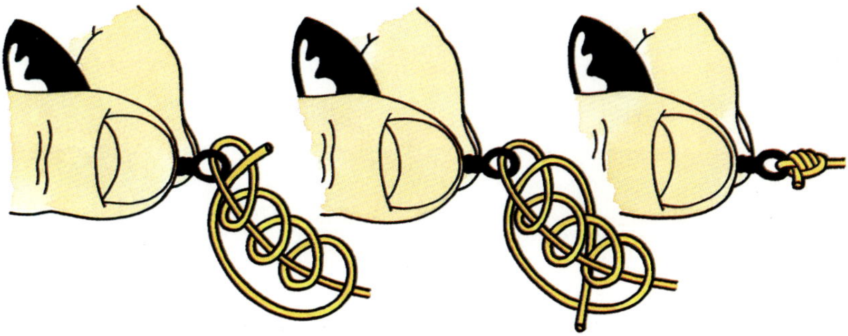

Même départ que pour le nœud précédent. Passer l'extrémité du fil dans la boucle de l'œillet, puis sous la grande boucle. Tirer et serrer.

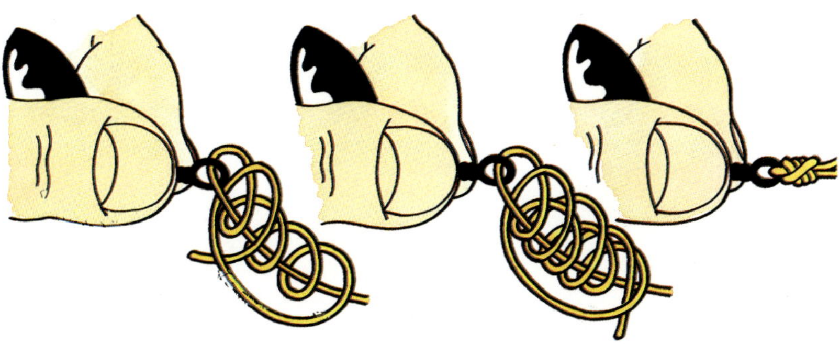

Même départ que pour le nœud précédent puis continuer à faire 3 tours autour des premiers. Tirer et serrer.

NŒUDS DE MONTAGE POUR MOUCHES

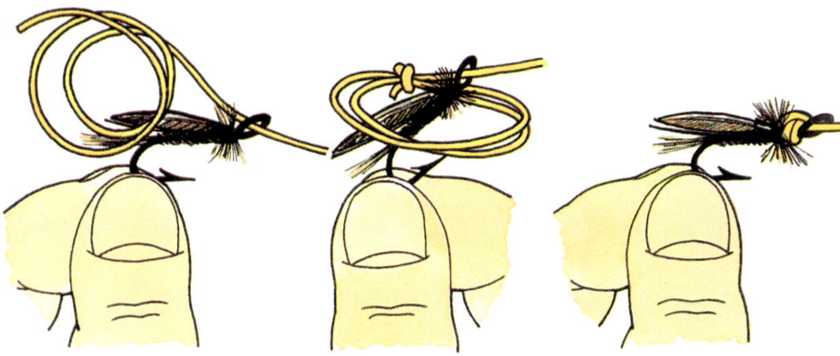

Après avoir passé le fil dans l'œillet, former une double boucle. Faire un double nœud autour des boucles. Tirer en ramenant ce nœud en arrière de l'œillet.

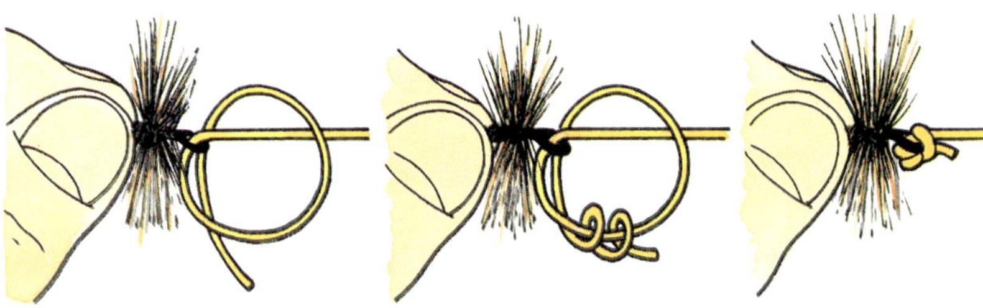

Passer l'extrémité du fil dans l'œillet. Faire un double tour mort. Ramener ce double nœud vers l'œillet et tirer.

Passer le fil dans l'œillet, puis passer son extrémité dans les deux boucles ainsi formées. Tirer en ramenant le nœud dans le haut de la courbure.

NŒUDS DE MONTAGE POUR ABOUTEMENTS

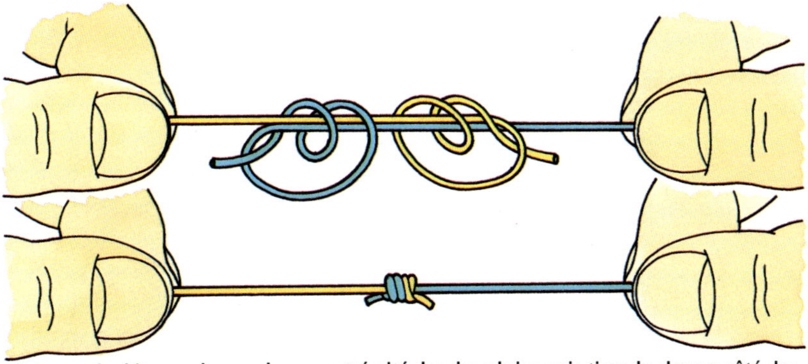

Faire un double nœud avec chaque extrémité des deux brins puis tirer de chaque côté, les deux nœuds venant se serrer l'un contre l'autre.

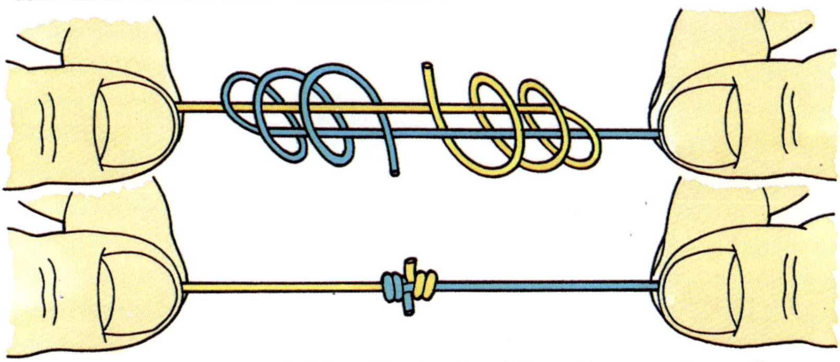

Enrouler plusieurs fois l'extrémité repliée des deux brins puis passer chacun d'eux en sens contraire entre les spires ainsi formées. Tirer et serrer.

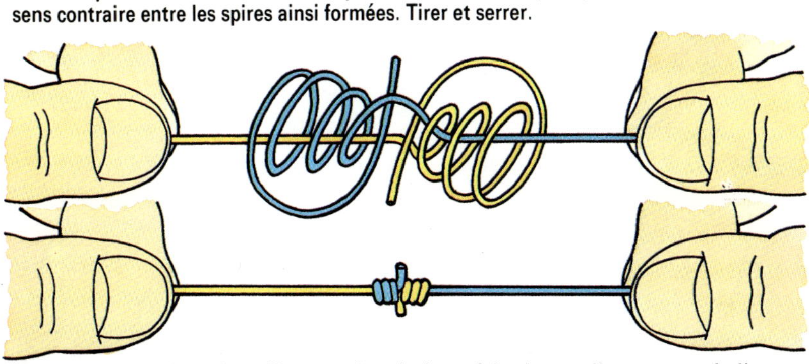

Après avoir croisé les deux fils, enrouler plusieurs fois chacun d'eux autour de l'autre puis passer chaque extrémité entre les spires ainsi formées. (Nœud baril.)

NŒUDS DE MONTAGE POUR BOUCLES

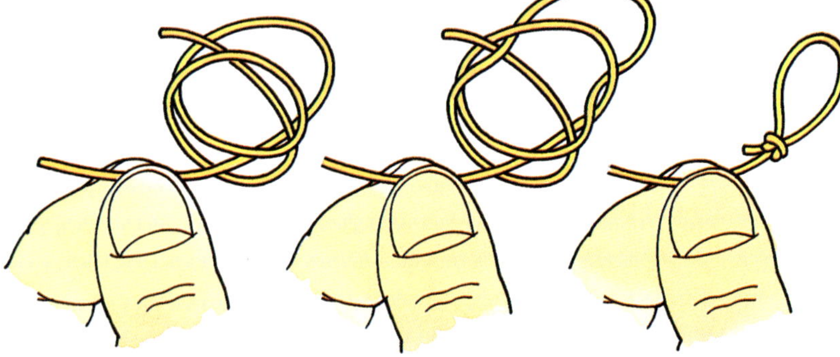

Après avoir fait deux boucles, passer l'extrémité du fil entre elles. Passer ensuite la plus petite des boucles dans la grande. Tirer sur cette petite boucle.

Replier le fil sur lui-même. Faire 3 tours morts puis passer l'extrémité de la petite boucle dans la grande. Tirer et couper l'excédent de fil.

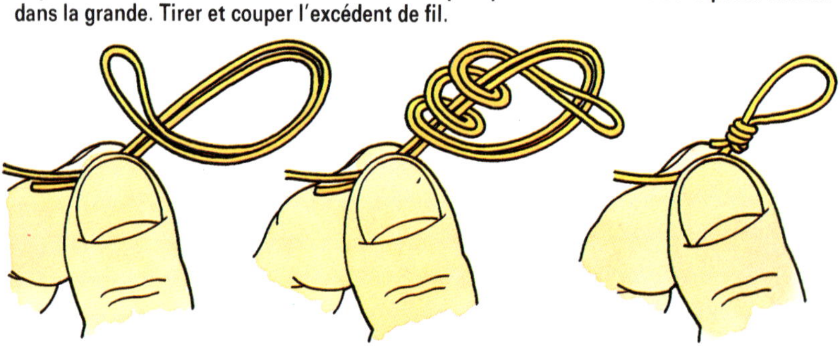

Replier le fil sur lui-même. Faire un nœud à 3 tours morts. Tirer et couper l'excédent de fil.

NŒUDS DE MONTAGE
POUR BAS DE LIGNE AU CORPS DE LIGNE

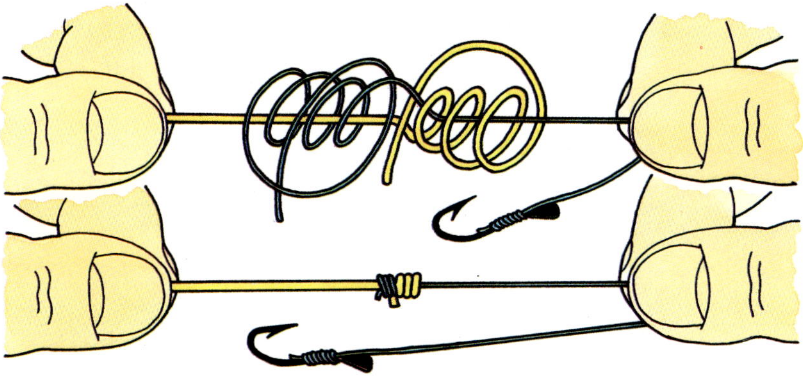

Après avoir fait un nœud « baril », passer l'extrémité du bas de ligne sous la grande boucle. Tirer et serrer.

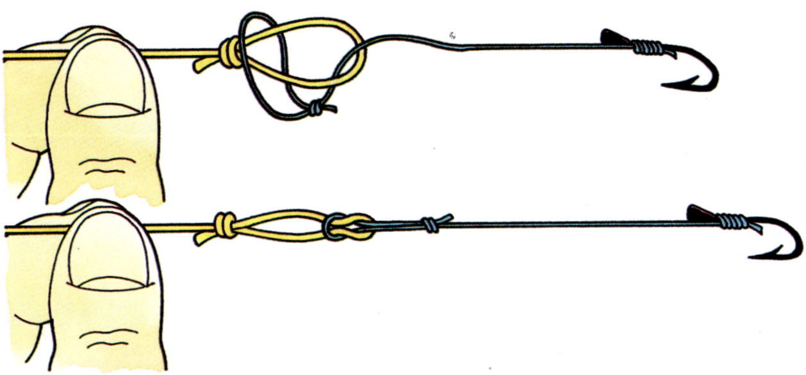

Après avoir fait l'assemblage boucle dans boucle, serrer en veillant à ce que celui-ci reste dans l'alignement sans faire de nœud coulant.

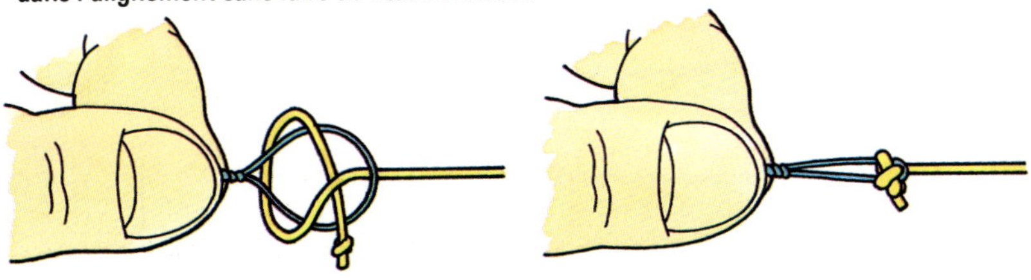

Nœud d'attache du bas de ligne sur la soie (nœud dit « de tisserand ») : à noter que ce nœud est aussi valable pour l'attache d'un corps de ligne à un caoutchouc amortisseur.

NŒUDS DE MONTAGE POUR POTENCES

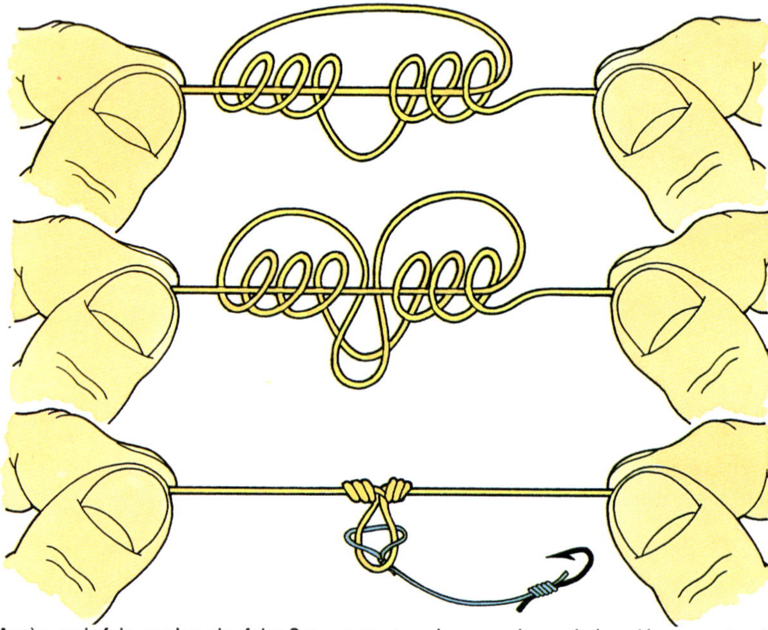

Après avoir fait une boucle, faire 3 tours morts puis passer la partie bouclée au centre de la torsade. Tirer de part et d'autre en maintenant la petite boucle. Raccorder enfin la potence boucle dans boucle.

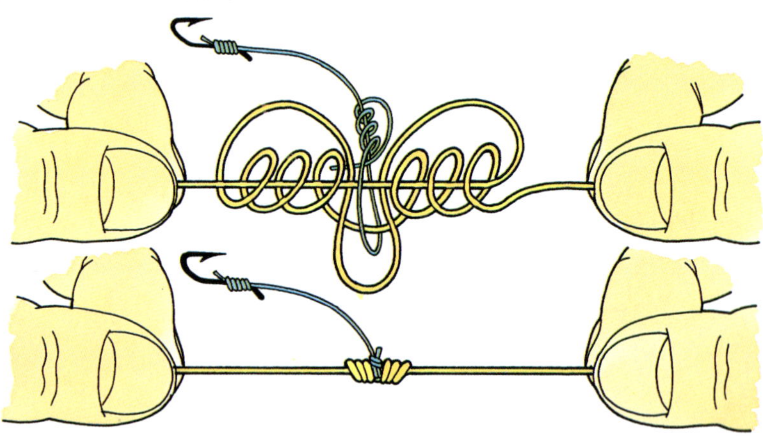

Si le début est le même, la potence est fixée, cette fois-ci, par un nœud qui permet d'avoir un montage en « T » parfaitement rigide.

NŒUDS DE MONTAGE POUR POTENCES

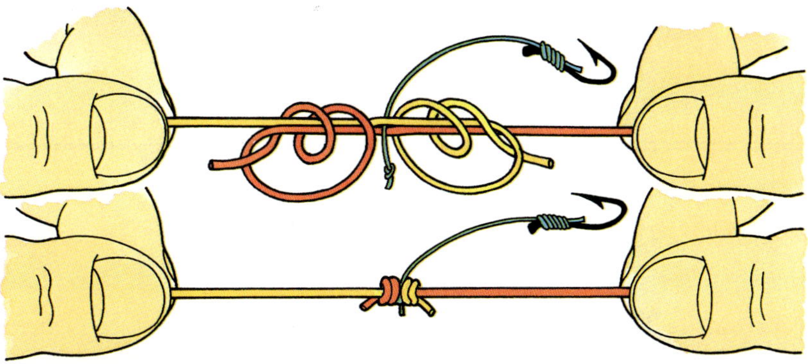

Après avoir fait un double nœud avec chaque extrémité des deux brins, introduire la potence puis serrer. Les deux nœuds venant à buter l'un contre l'autre.

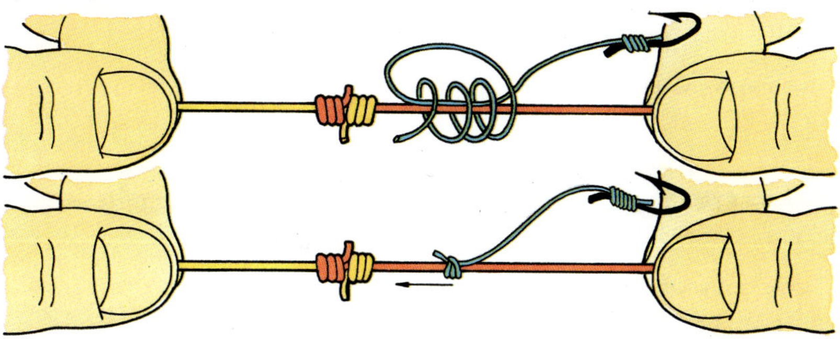

Après avoir fait une boucle, passer plusieurs fois l'extrémité de la potence dans celle-ci, puis serrer.

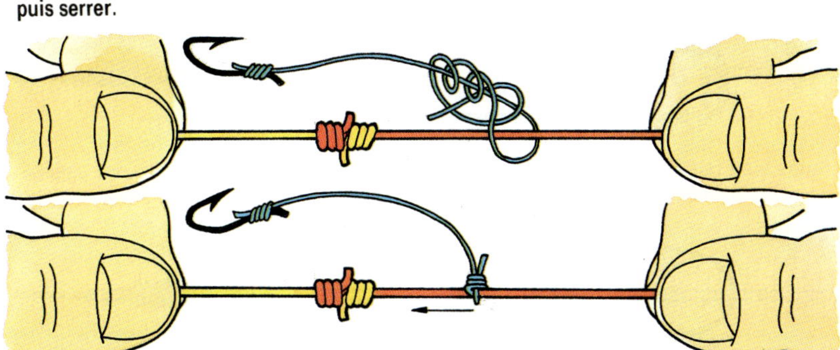

Après avoir replié l'extrémité de la potence, faire 3 tours morts autour de celle-ci puis passer sous les deux boucles ainsi formées. Serrer sans trop, cette potence pouvant ainsi pivoter.

NŒUDS DE MONTAGE POUR BAS DE LIGNE À LA SOIE

nœud dit « de Tisserand ».

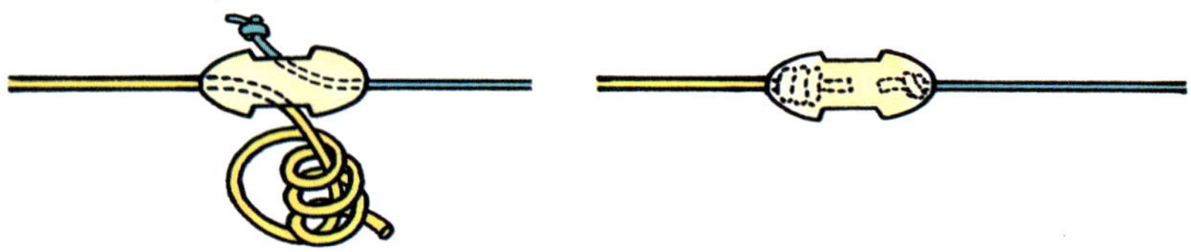

nœud avec « Connector ».

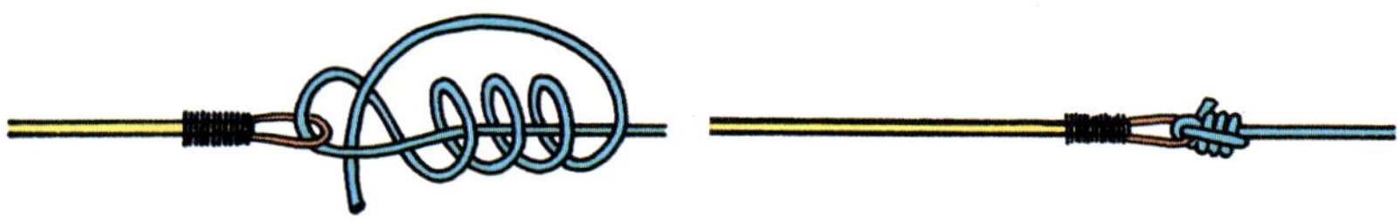

Passer l'extrémité du fil dans la boucle épissurée de la soie, puis, après avoir fait 3 ou 4 tours morts, passer dans la première boucle formée. Tirer sur le brin principal et couper l'excédent de fil.

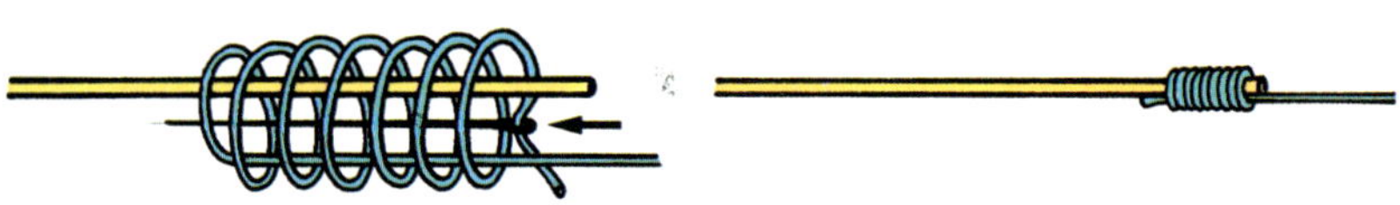

Après avoir fait 7 ou 8 tours morts en remontant sur la soie, passer à l'aide d'une aiguille l'extrémité du nylon à l'intérieur des spires. Tirer et serrer.

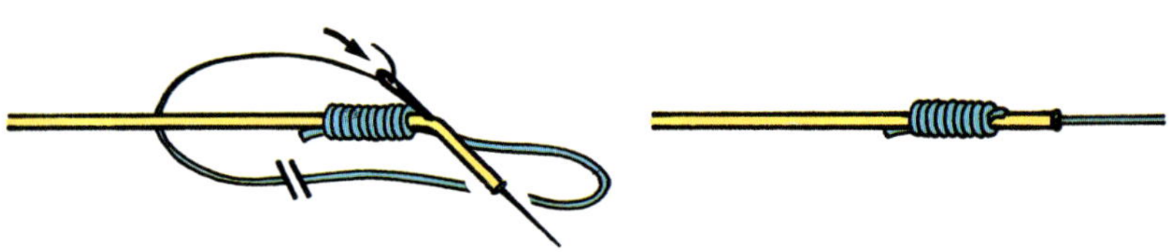

Même départ que précédemment, puis piquer à l'aide de l'aiguille l'extrémité de la soie en faisant passer toute la longueur du bas de ligne.

NŒUDS DE MONTAGE POUR BULDOS

Après avoir formé une double boucle passant dans l'œillet du buldo, passer l'extrémité du fil dans la plus grande formée. Tirer et ramener sur l'œillet.

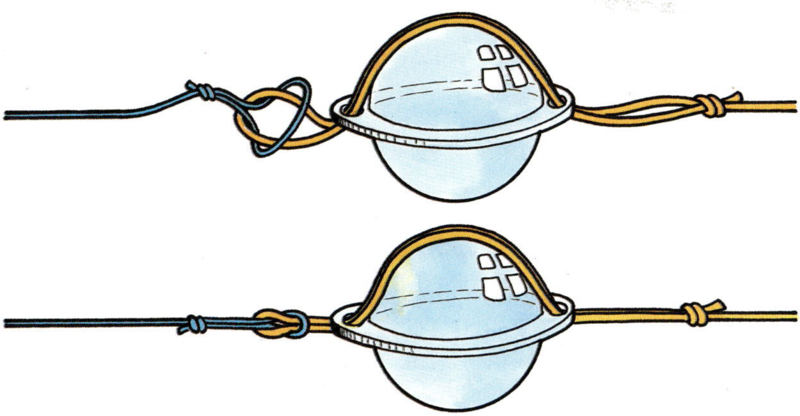

Après avoir formé une grande boucle, passer celle-ci dans les deux œillets du buldo puis raccorder boucle dans boucle.

NŒUDS DE MONTAGE POUR CRINELLE D'ACIER SUR CORPS DE LIGNE

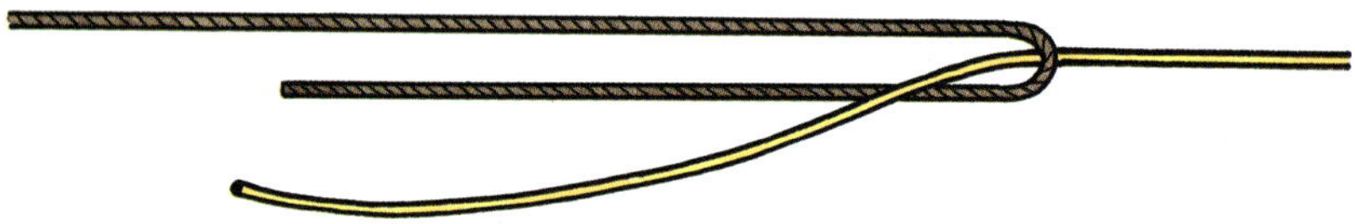

Replier sur elle-même l'extrémité de la crinelle d'acier.

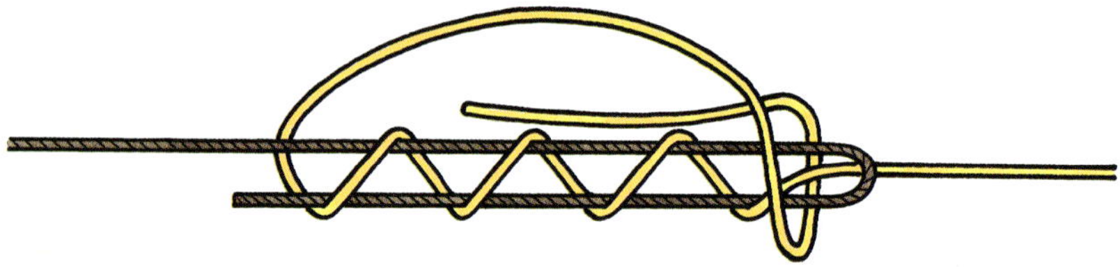

Faire plusieurs tours morts autour d'elle et ramener le bout de nylon vers la boucle.

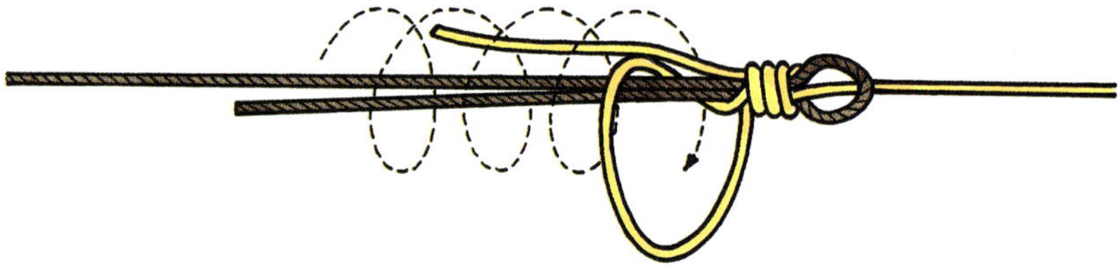

Redérouler les tours morts en sens contraire formant ainsi des spires serrées et jointives.

Tirer ensuite le nylon.

PLOMBÉES « TYPES »

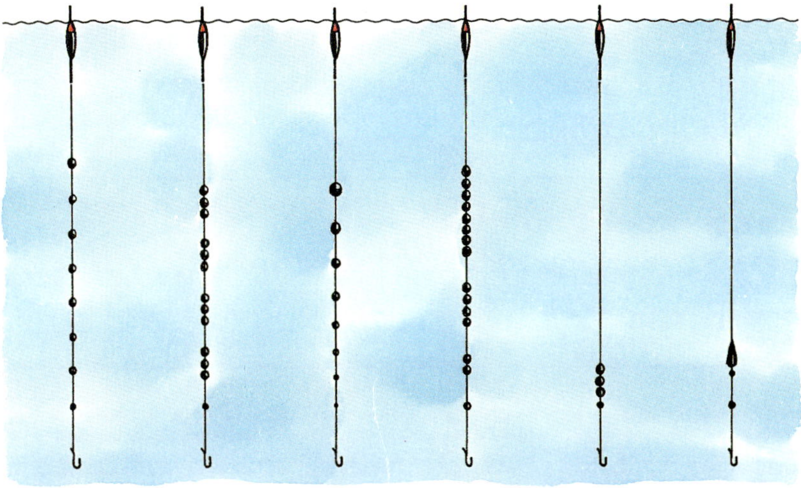

Plombée divisée

Plombée par groupe

Plombée dégressive

Plombée logarithmique

Plombée massive

Plombée olivette + cendrées

Plombée en dérivé

Plombée pour tanche et brème

Plombée paster noster

Plombée pour carpe

MONTAGES DE PLOMBÉES

SURFACE PÊCHE RAPIDE

SURFACE PÊCHE DIFFICILE

SURFACE PÊCHE DIFFICILE

ENTRE DEUX EAUX

ENTRE DEUX EAUX

FOND CANAL & ÉTANG PÊCHE FACILE

FOND CANAL & ÉTANG PÊCHE FACILE

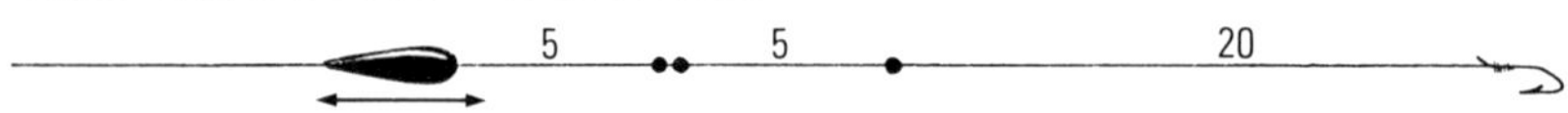

FOND CANAL & ÉTANG PÊCHE DIFFICILE

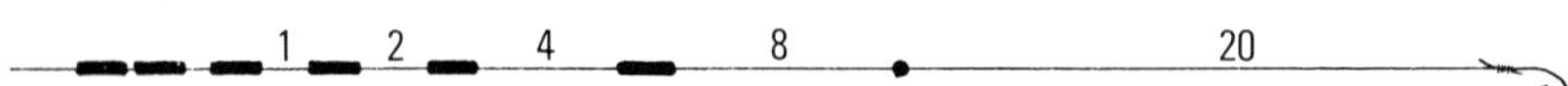

FOND CANAL & ÉTANG PÊCHE DIFFICILE

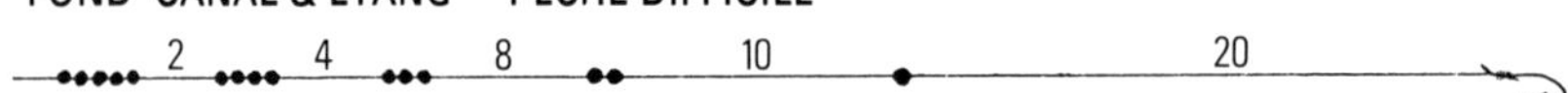

FOND RIVIÈRE

FOND RIVIÈRE

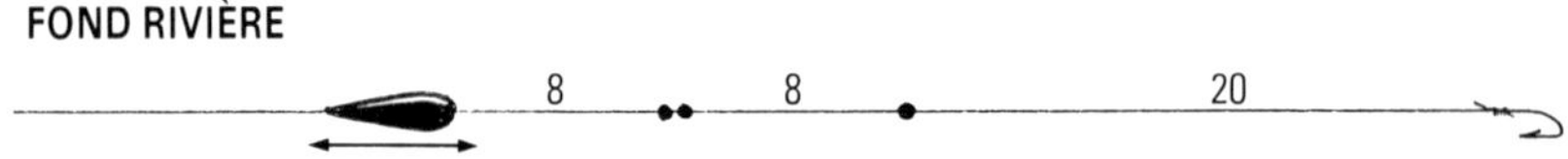

FOND RIVIÈRE À FORT COURANT

MONTAGES DE LIGNES

Corps de ligne 10/100. Bas de ligne 8/100. Flotteur 3 à 5 cm. Ham. n°s 18 à 22 fin de fer.

Élastique amortisseur 25 cm. Corps de ligne 8/100. Bas de ligne 6/100. Flotteur et hameçon identiques.

Graine et pâte : ligne 10/100. Bas de ligne 8/100. Flotteur 5 à 8 cm. Ham. n°s 18 fin de fer.

Ver de vase : élastique amortisseur 30 cm. Ligne 10/100 & 8/100. Flotteur 5 à 8 cm. Hameçon n°s 20 à 24.

Posé : ligne 18/100. Bas de ligne 16/100. Flotteur 8 à 12 cm. Hameçon n° 12 forgé.

Élastique amortisseur 40 cm. Ligne 14/100 & 12/100. Flotteur 8 à 12 cm. Hameçon n° 14

Ligne 35/100-30/100. Olive 10 à 40 g. Ham. triple 8

Ligne 35/100 & 30/100. Ressort-amorceur. Hameçon triple 8 à 10.

Corps de ligne 30/100. Crinelle d'acier 40 cm, 7 kg. Flotteur 7 à 15 g.

Corps de ligne 22/100. Bas de ligne 24/100. Plomb coulissant 10 à 30 g.

MONTAGES DE LIGNES

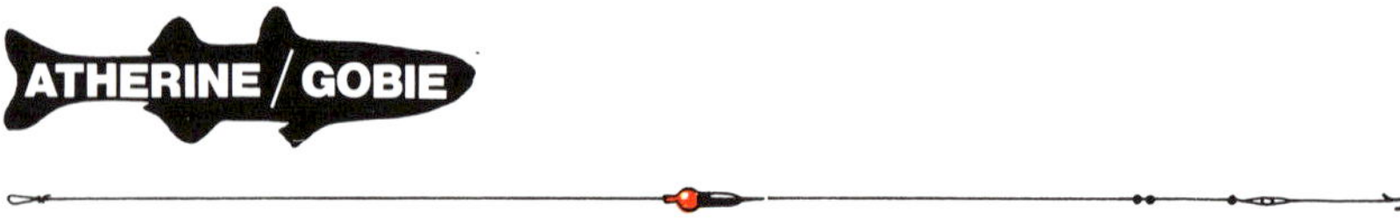

Corps de ligne 10/100. Bas de ligne 8/100 (15 cm). Petit flotteur, cendrées. Hameçon n° 16 à 20.

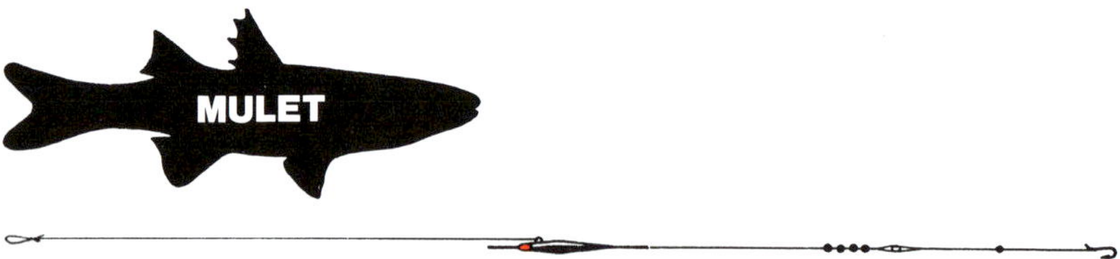

Corps de ligne 16/100. Bas de ligne 14/100 (40 cm). Flotteur 8 à 12 cm. Hameçon n° 9 à 12.

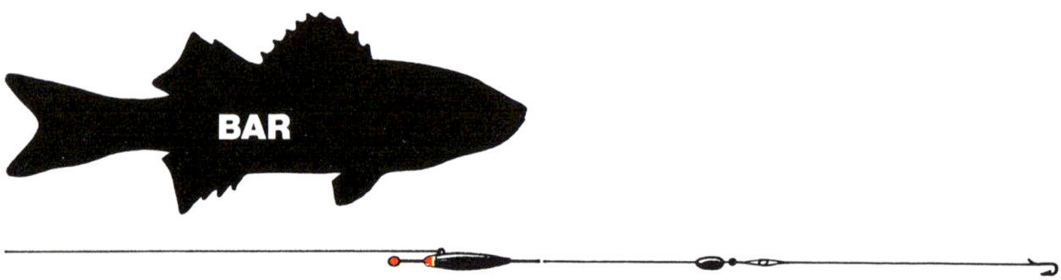

Corps de ligne 30/100. Bas de ligne 28/100 (60 cm). Flotteur supportant 8 à 15 g. Hameçon n° 1 à 4.

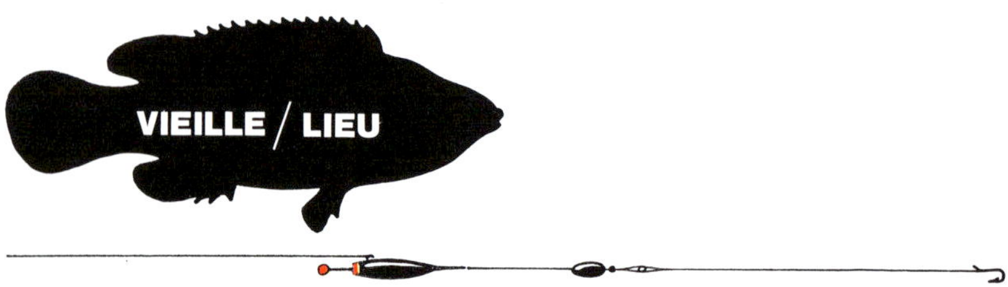

Corps de ligne 30/100. Bas de ligne 28/100 (80 cm). Flotteur supportant 10 à 25 g. Hameçon n° 2/0 à 2.

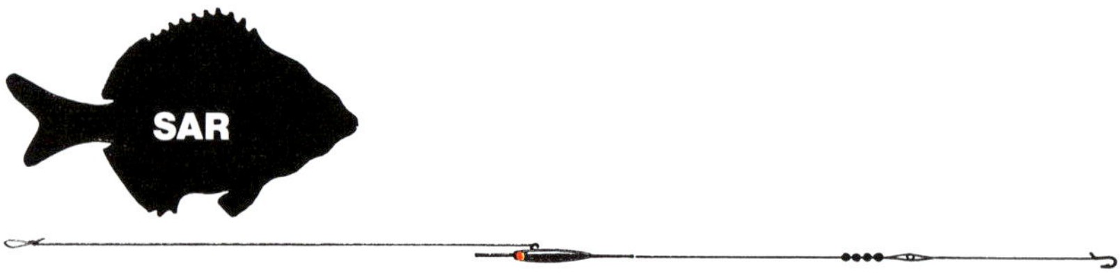

Corps de ligne 20/100. Bas de ligne 18/100 (40 cm). Flotteur supportant 10 à 15 g. Hameçon n° 6 à 10.

MONTAGES DE LIGNES

Corps de ligne 30/100. Bas de ligne 28/100 (65 cm). Plombée 20 à 60 g. Hameçon n° 1/0 à 4.

Ligne 20/100-18/100 (40 cm). Plombée 15 à 20 g. Hameçon n° 3 à 6.

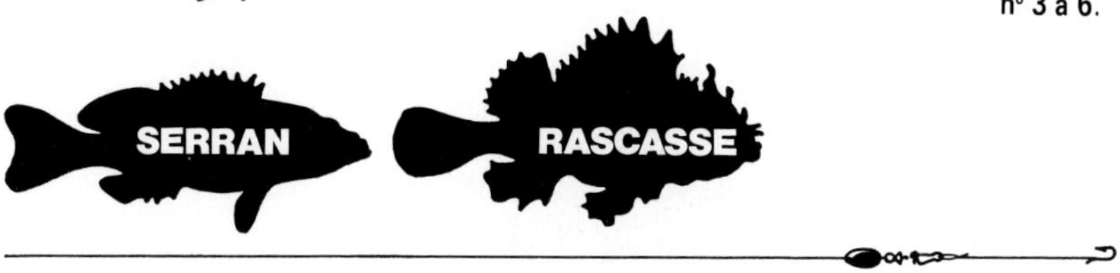

Corps de ligne 24/100. Bas de ligne 22/100 (20 cm). Plombée 20 à 40 g. Hameçon n° 4 à 6.

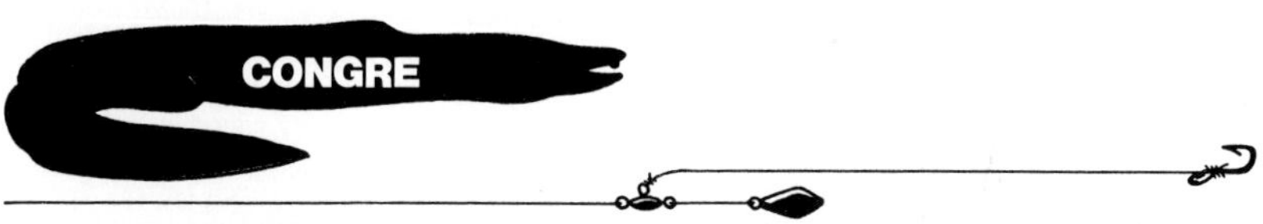

Corps de ligne 40/100. Bas de ligne 38/100 (1 m). Plombée sur cassant 20 à 150 g. Hameçon n° 2/0 à 6/0.

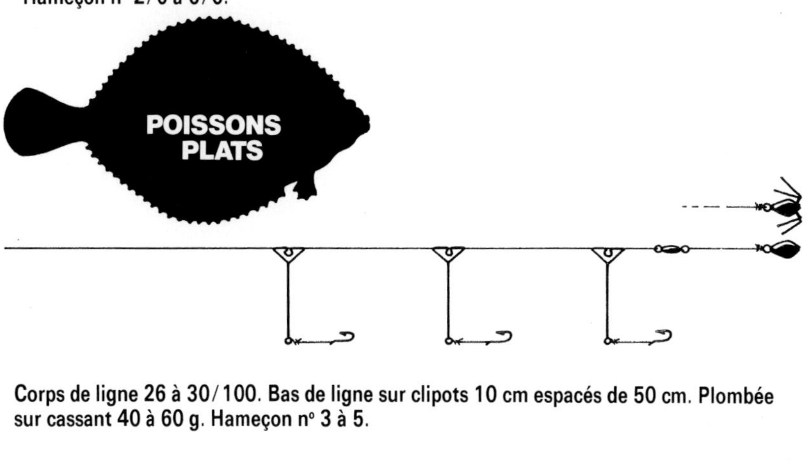

Corps de ligne 26 à 30/100. Bas de ligne sur clipots 10 cm espacés de 50 cm. Plombée sur cassant 40 à 60 g. Hameçon n° 3 à 5.

FIXATION DE LA LIGNE À LA CANNE

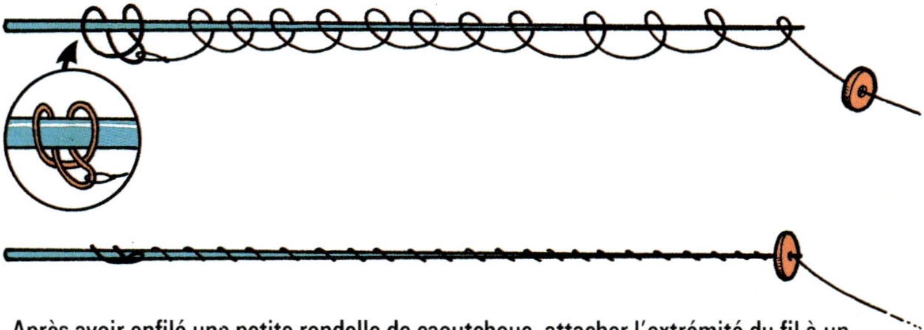

Après avoir enfilé une petite rondelle de caoutchouc, attacher l'extrémité du fil à un bracelet caoutchouc formant ainsi un nœud coulant de base. Puis faire quelques tours morts en remontant sur le scion. Terminer en fixant à l'extrémité du scion la petite rondelle.

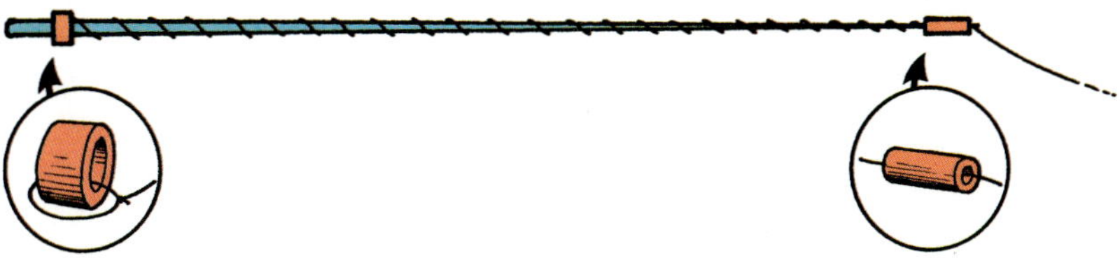

Remplacer la petite rondelle et le bracelet de caoutchouc par respectivement un petit tube (caoutchouc ou matière plastique) et un autre moins long et de diamètre intérieur plus grand pouvant se fixer asser loin sur le scion. Même technique que précédemment.

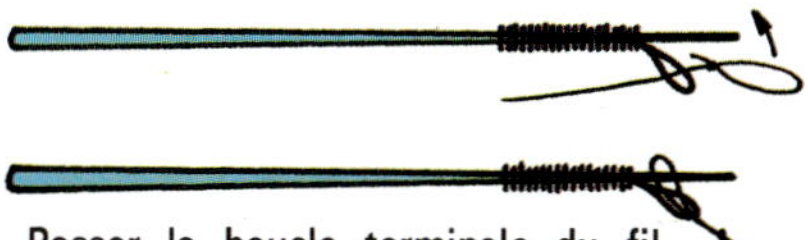

Passer la boucle terminale du fil dans une boucle ligaturée sur le bout du scion. Passer ensuite la pointe du scion dans cette boucle puis tirer.

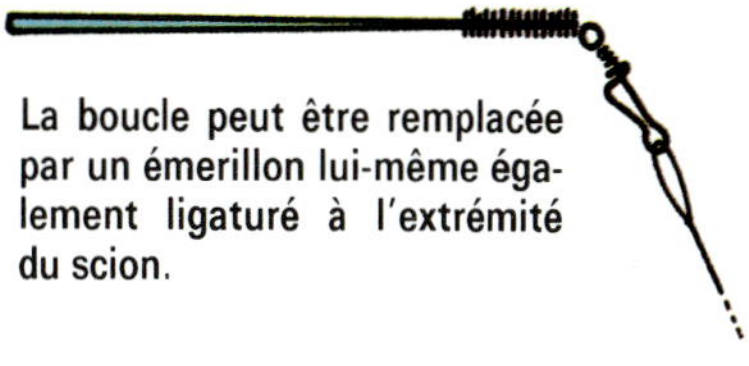

La boucle peut être remplacée par un émerillon lui-même également ligaturé à l'extrémité du scion.

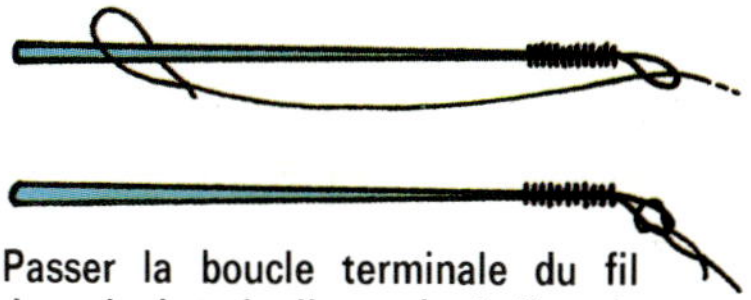

Passer la boucle terminale du fil dans la boucle ligaturée à l'extrémité du scion, puis passer celle-ci à la base du scion. Tirer ensuite jusqu'à assemblage boucle dans boucle.

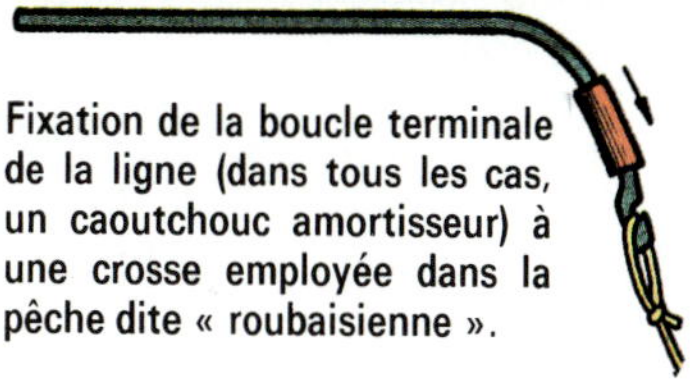

Fixation de la boucle terminale de la ligne (dans tous les cas, un caoutchouc amortisseur) à une crosse employée dans la pêche dite « roubaisienne ».

FIXATION DE LA LIGNE SUR SCION ULTRA-FIN

Enfiler deux petites busettes sur l'extrémité du scion.

Faire un nœud coulant avec l'extrémité de la ligne.

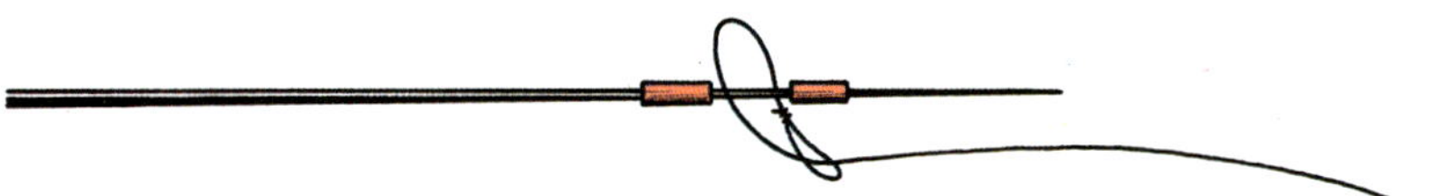

Passer ce nœud coulant entre les deux busettes.

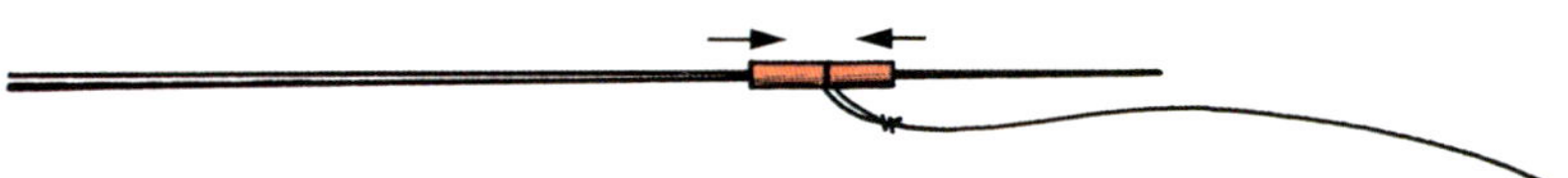

Serrer ce nœud puis accoler les deux busettes.

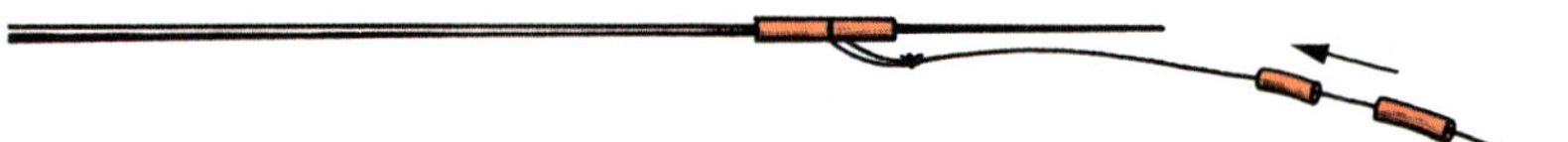

Enfiler deux autres busettes restées sur la ligne sur l'extrémité du scion.

Tirer sur le nylon. (Montage Jean-Marc Marie)

MANŒUVRES D'AGUICHAGE

EN EAU COURANTE :

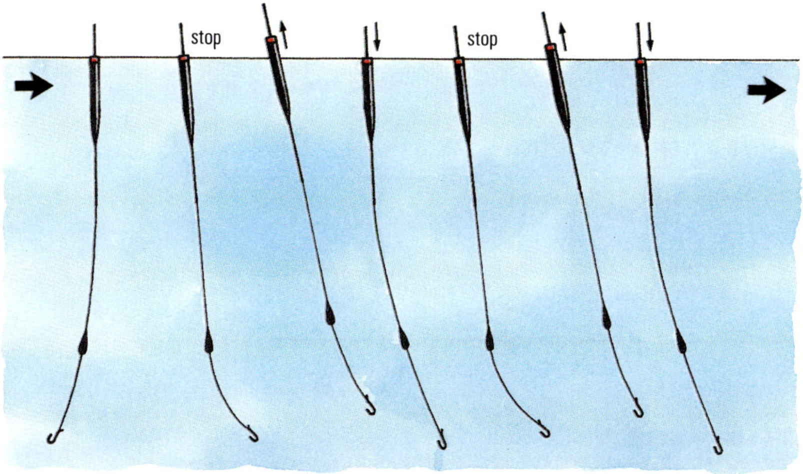

Après immersion de la ligne, arrêt de celle-ci puis petit relevage de la plume afin d'animer l'esche. Relâcher et retenir de nouveau peu après. Petit relevage et relâcher, et ainsi de suite jusqu'à la fin de la coulée.

EN EAU CALME :

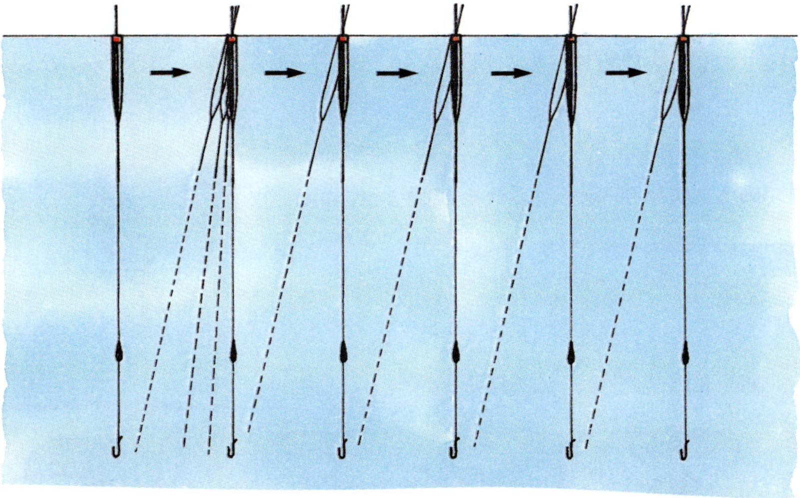

Immersion de la ligne. Après quelques secondes, petit déplacement latéral très lent. Immobilisation, puis de nouveau petit déplacement.

MONTAGES DE LIGNES AU POSÉ

PLOMBÉE SIMPLE :

PLOMBÉE À DEUX BAS DE LIGNE :

PLOMBÉE EN DÉRIVÉE :

RESSORT-AMORCEUR :

LIGNE À PLOMB PERDU : (SUCRE & ÉCROU)

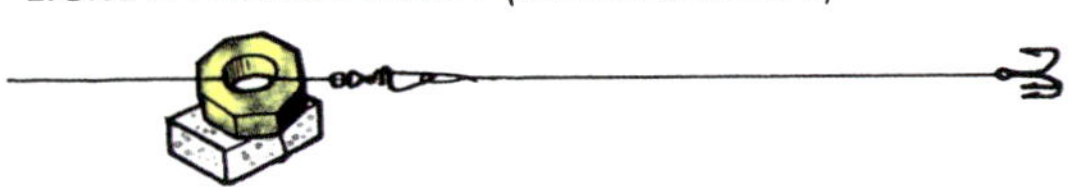

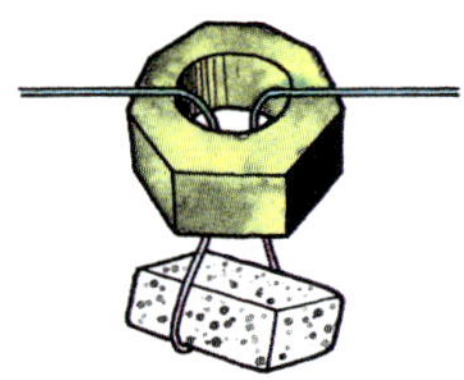

LIGNE À PLOMB PERDU : (SUCRE & ÉCROU)

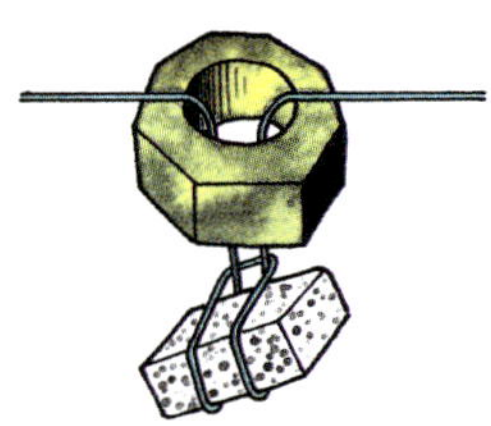

LIGNE À PLOMB PERDU : (SUCRE & ÉCROU)

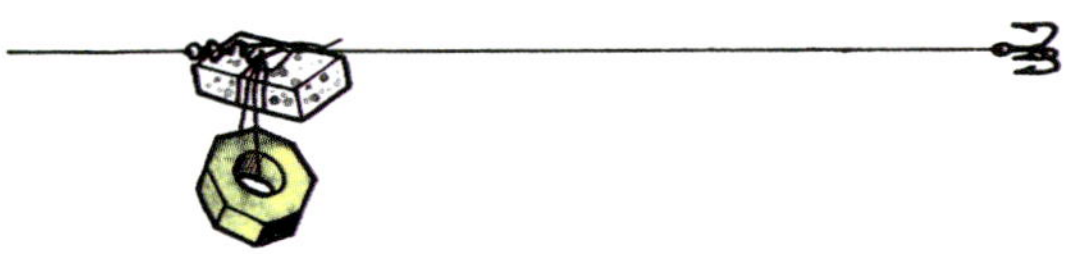

INDICATEURS DE TOUCHES POUR PÊCHE AU POSÉ

AVEC ÉLASTIQUE :

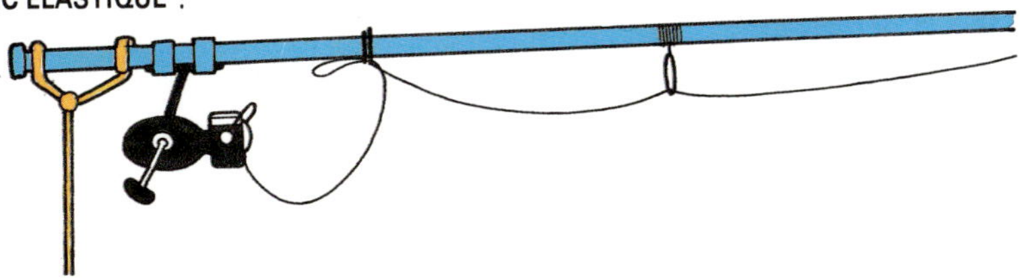

AVEC CAILLOU :

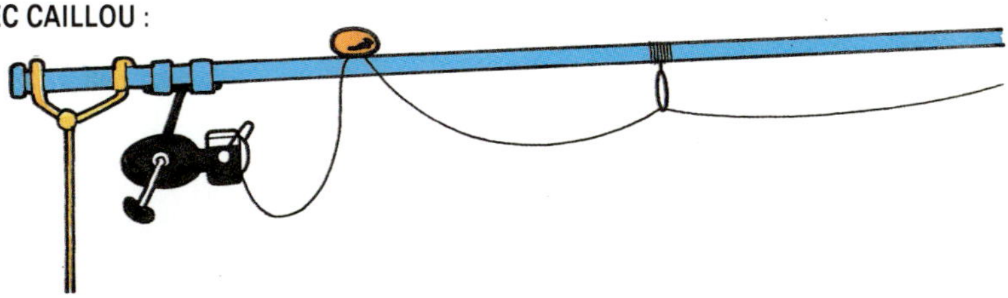

AVEC BRINDILLE FENDUE :

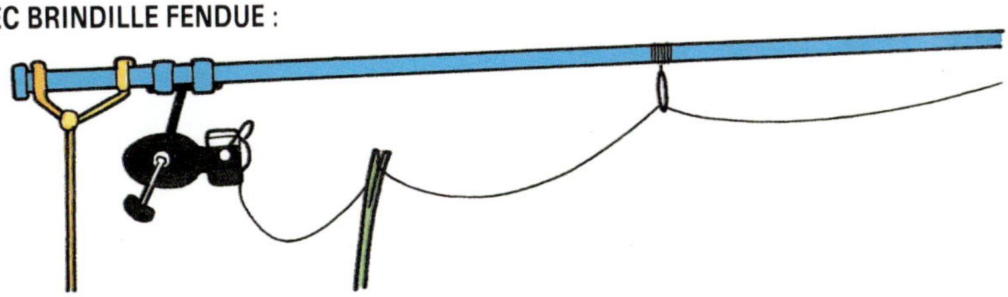

AVEC CAILLOU A TERRE :

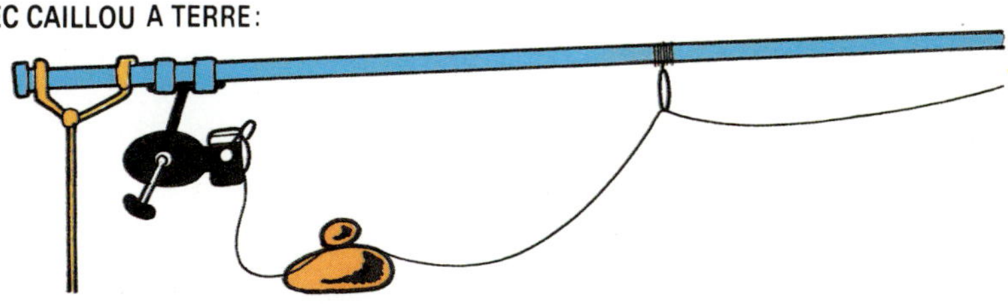

AVEC PAPIER ALUMINIUM :

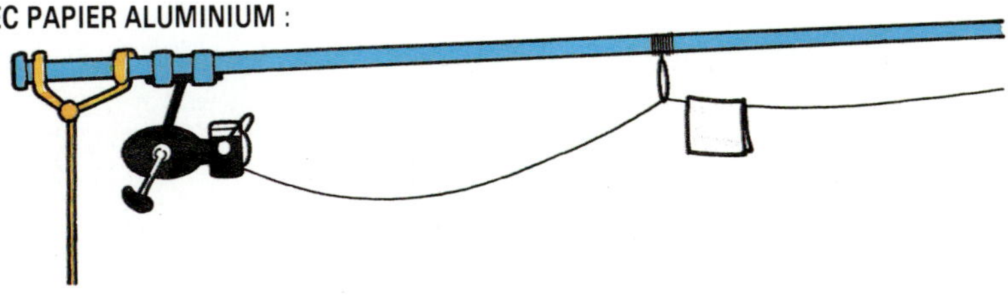

MONTAGES POUR PÊCHE « À SOUTENIR » EN MER

LIGNE SIMPLE

LIGNE À BAS DE LIGNE EN POTENCE

LIGNE À BAS DE LIGNE
EN POTENCE + TRAÎNARD

LIGNE AVEC TRAÎNARD SIMPLE

ESCHES « ANIMALES »

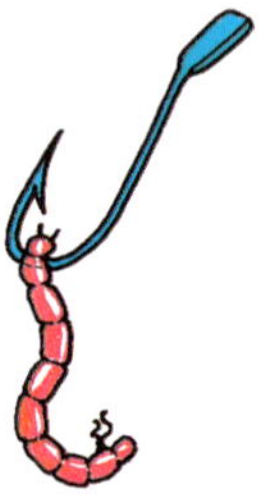

VER DE VASE

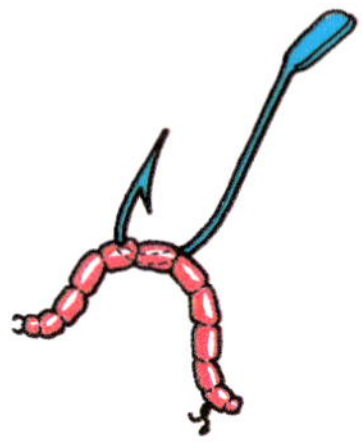

VER DE VASE

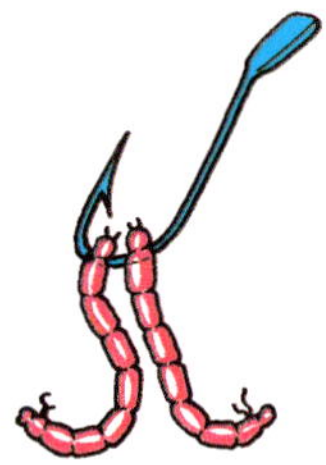

VERS DE VASE

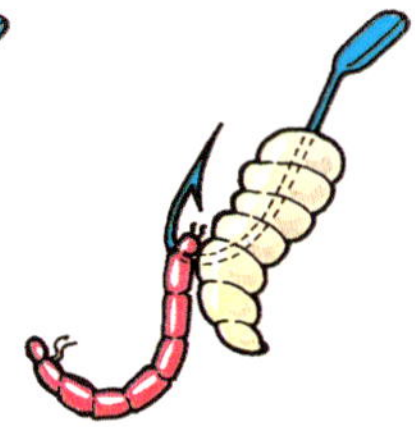

PANACHÉ
VASEUX/ASTICOT

ASTICOT

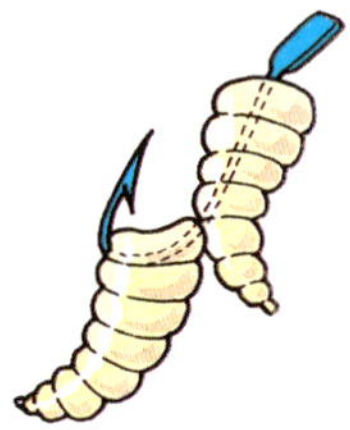

ASTICOTS

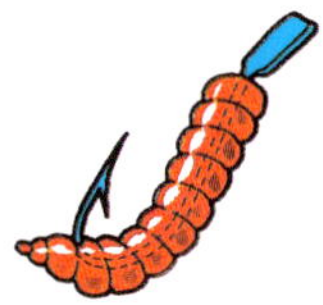

X FISES

VER DE TERREAU

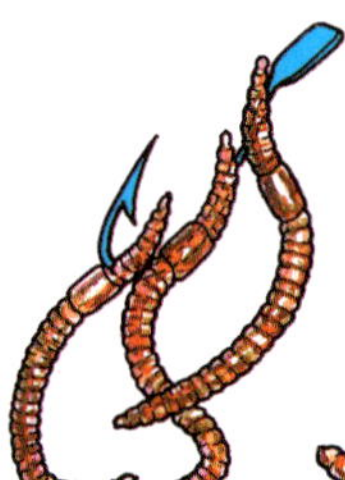

BOUQUET DE TERREAUX

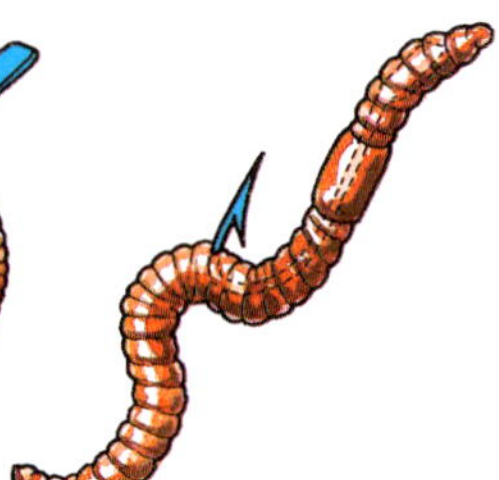

VER DE TERRE

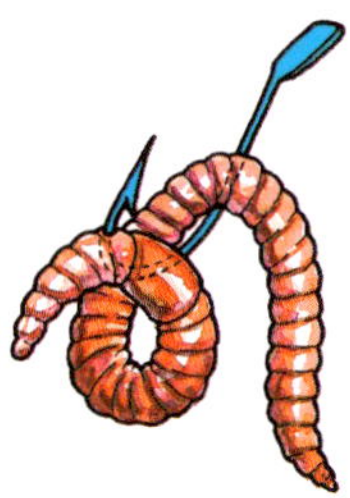

VER DE TERRE

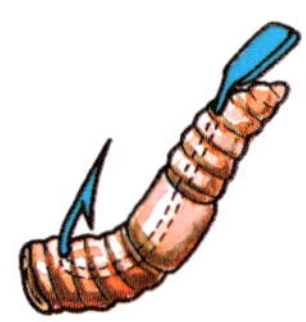

TRONÇON DE VER

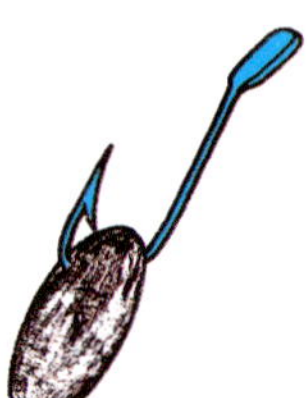

ÉPINE-VINETTE

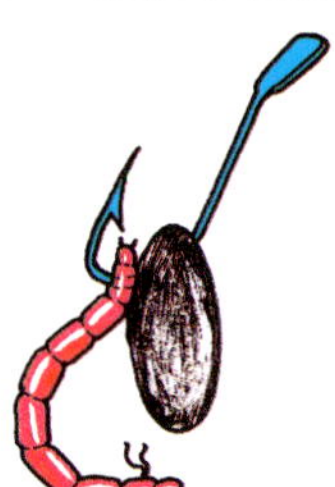

PANACHÉ
VASEUX/É.-VINETTE

PANACHÉ
ASTICOT/É.-VINETTE

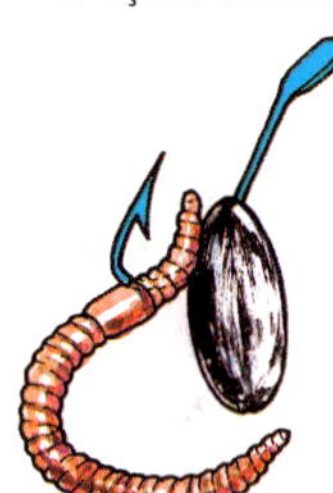

PANACHÉ
TERREAU/É.-VINETTE

ESCHES « ANIMALES »

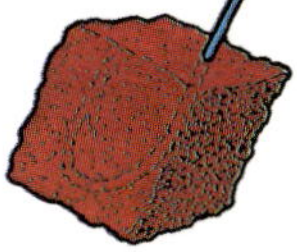
SANG

TÊTARD

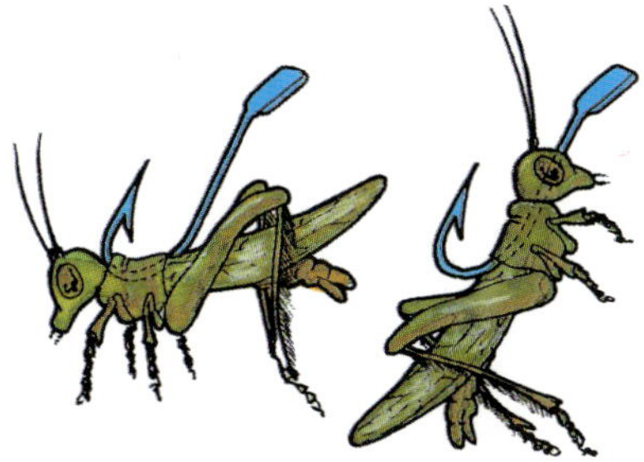
SAUTERELLE (GRILLON)

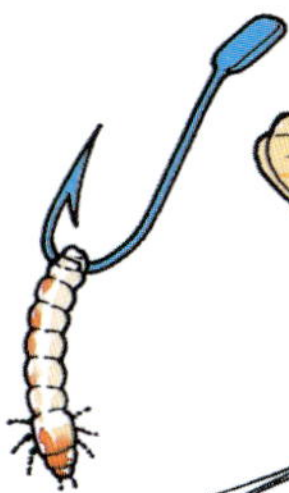
VER DE BOIS

MANNE

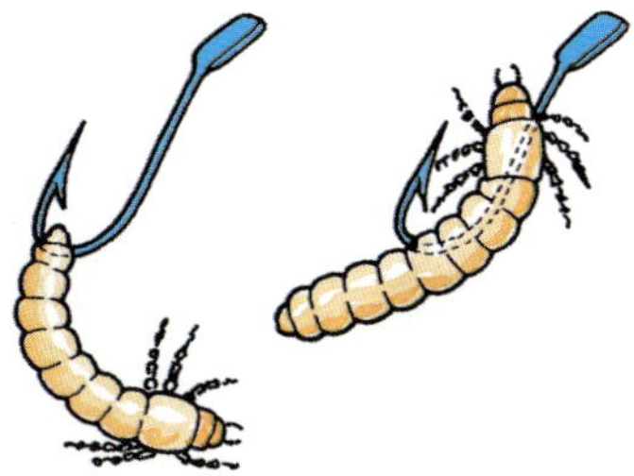
VER DE FARINE

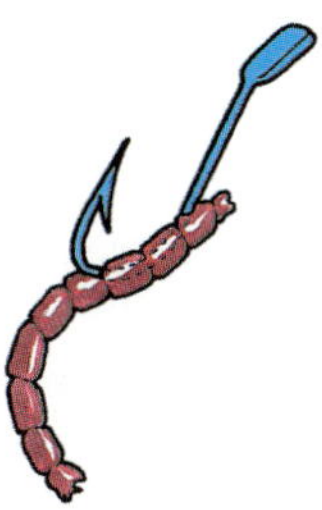
TURC

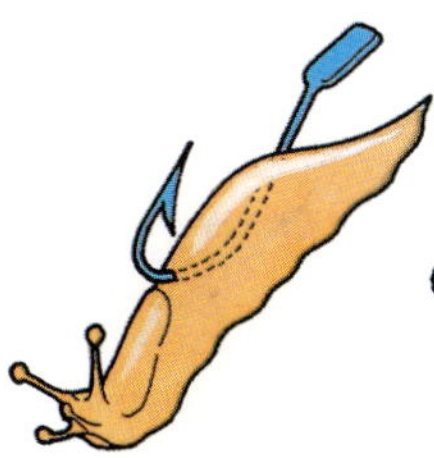
LIMACE

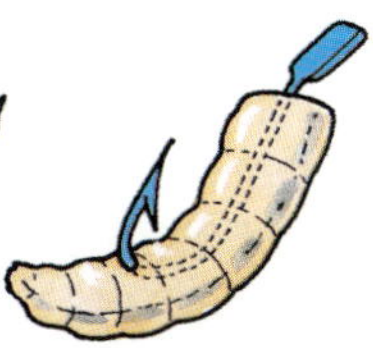
QUEUE DE CREVETTE

SANGSUE

VER BLANC

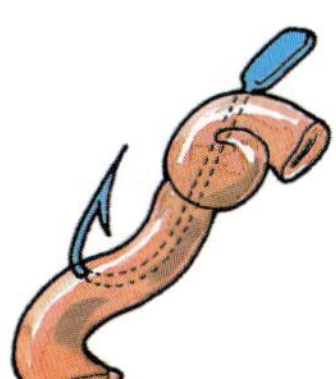
TRIPES

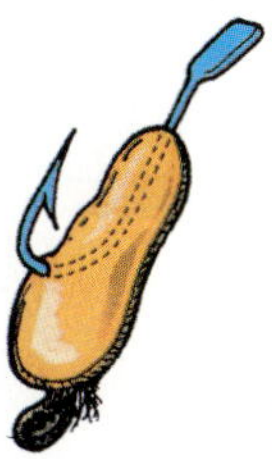
MOULE CUITE

HANNETON

ESCHES « ANIMALES »

LARVE DE SIALIS

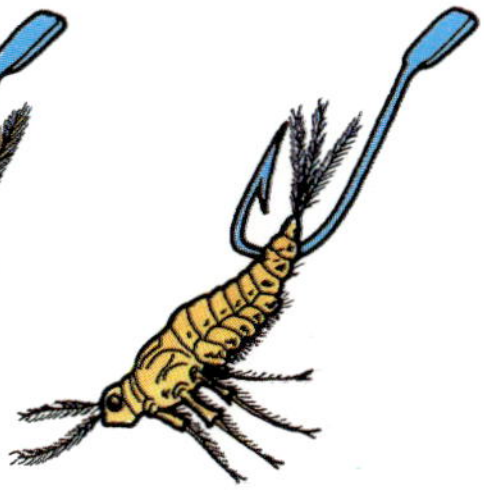
PETITE BÊTE

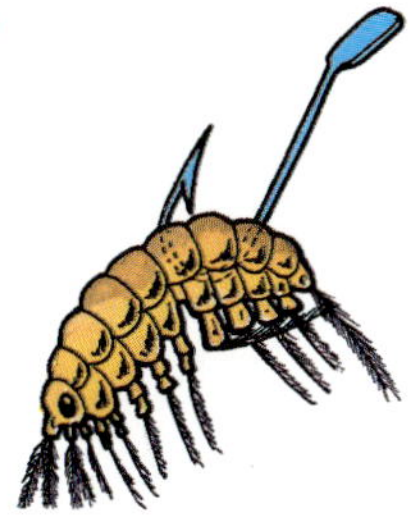
GAMMARE

FROMAGE

PORTE-BOIS

RUCHE

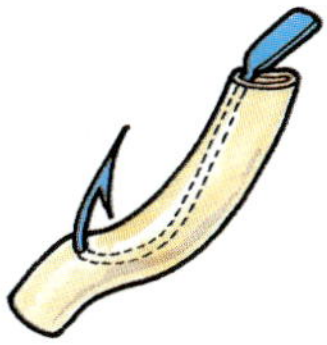
AMOURETTE

CHENILLE

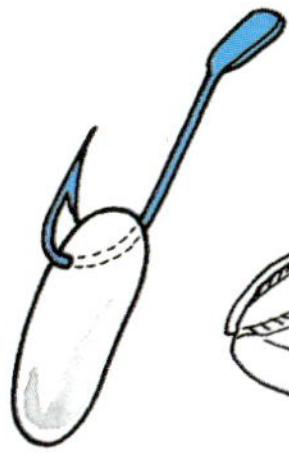
ŒUF DE FOURMI

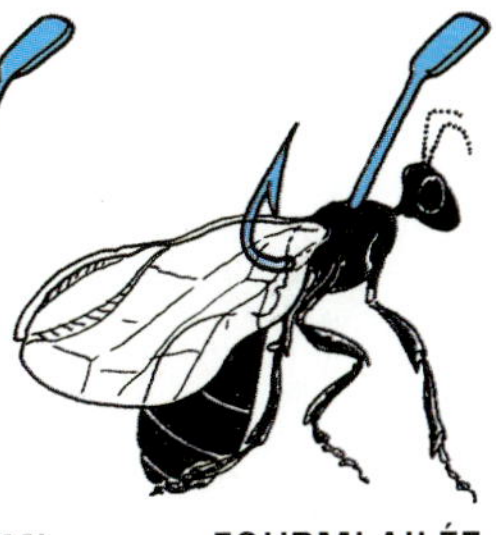
FOURMI AILÉE

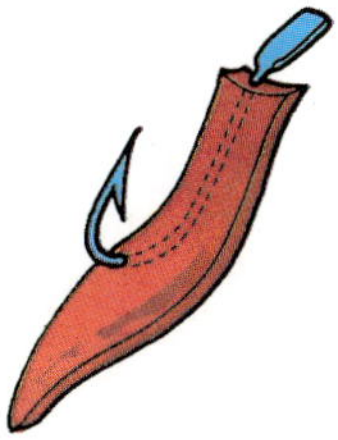
FOIE

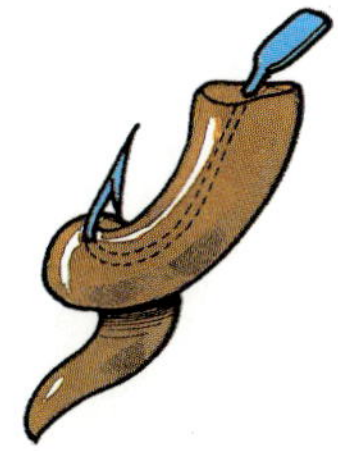
ESCARGOT D'EAU

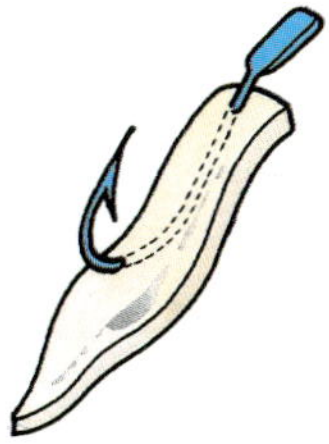
LARD

MOUCHE

LAMPRILLON

DORYPHORE

ESCHES « VÉGÉTALES »

CHÉNEVIS

BLÉ

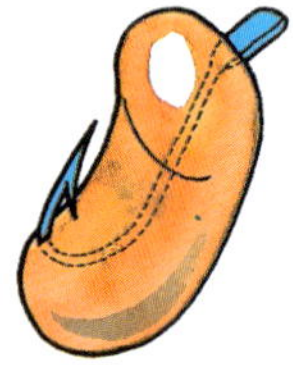

FÈVE

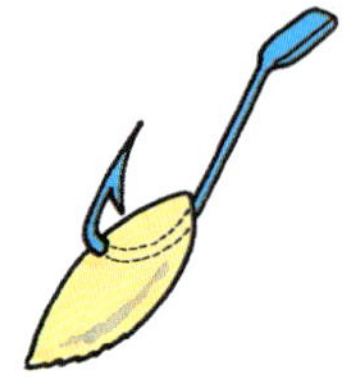

GRUAU D'AVOINE
(ORGE PERLÉ)

NOQUETTE DE CHÉNEVIS

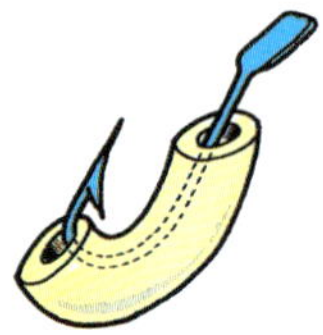

MACARONI

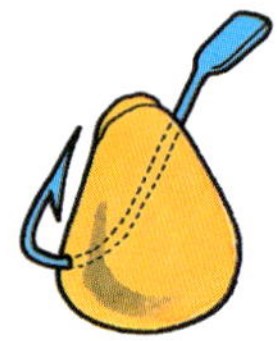

MAÏS

MAÏS DE LAIT

MOUSSE

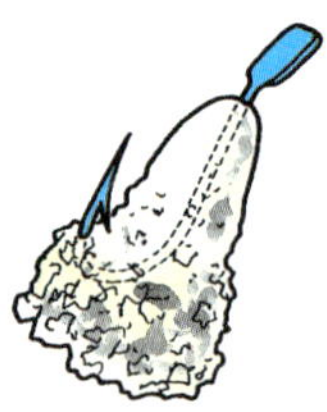

MIE DE PAIN

NOQUETTE
DE PAIN

NOQUETTE DE
POMME DE TERRE

PÂTE MOLLE

MYSTIC

CRÊPE

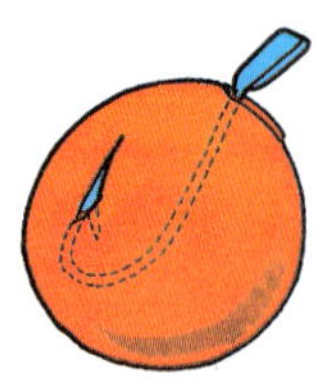

FRUIT

ESCHES « PANACHÉES »

ASTICOT/
POMME DE TERRE

ASTICOT/BLÉ

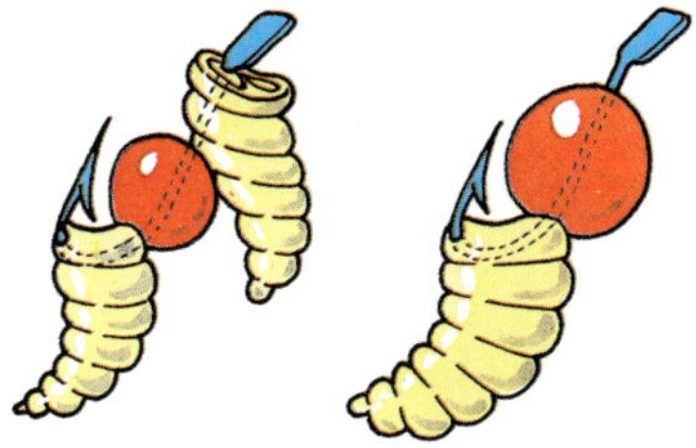

ASTICOTS/MYSTIC

ASTICOT/MOUSSE

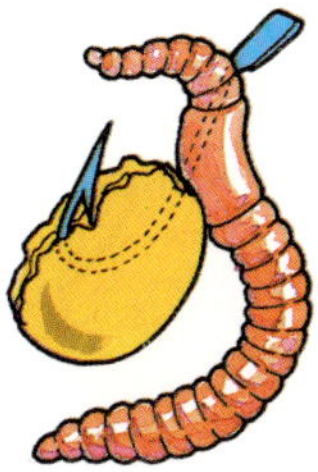

VER/BLÉ

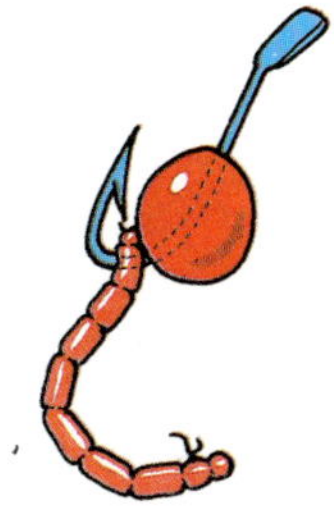

VASEUX/MYSTIC

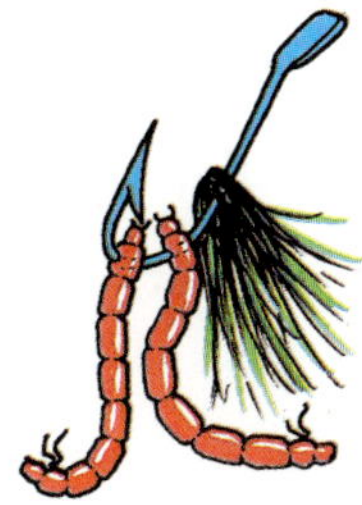

VASEUX/MOUSSE

BLÉ/MYSTIC

MOUSSE/MYSTIC

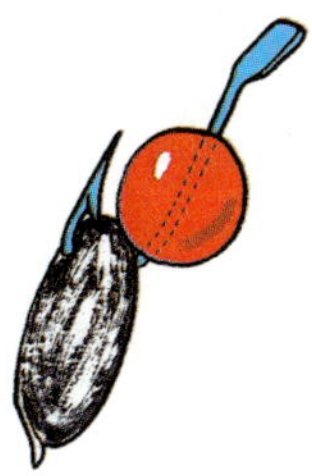

É.-VINETTE/MYSTIC

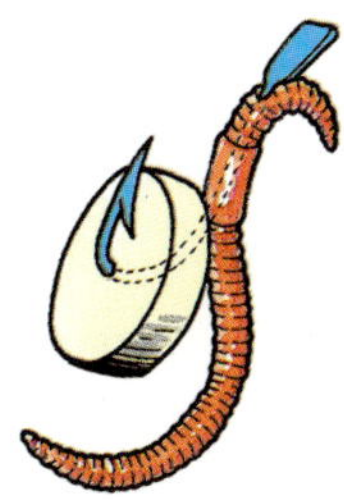

TERREAU/
POMME DE TERRE

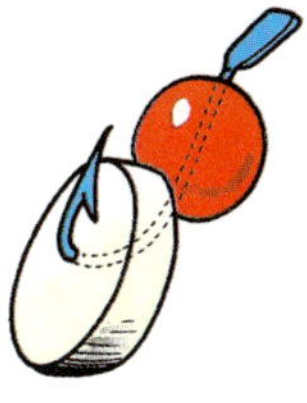

MYSTIC/
POMME DE TERRE

MYSTIC/
GRAIN D'ORGE

TERREAU/MYSTIC

TERREAU/
MIE DE PAIN

ESCHAGES SPÉCIAUX

PELOTE SUR RESSORT-AMORCEUR :

PELOTE À 1 BAS DE LIGNE :

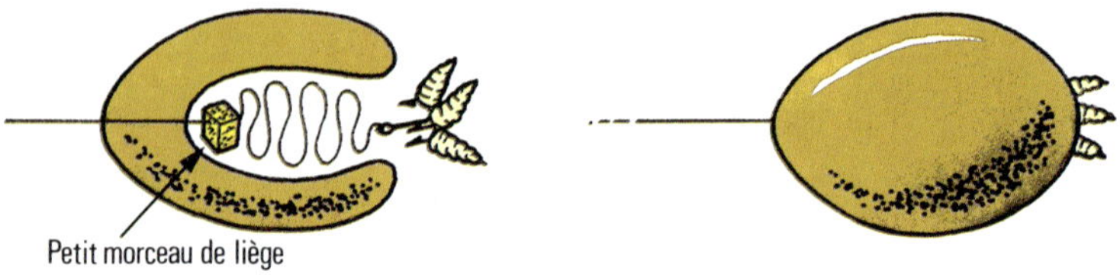

PELOTE À 2 BAS DE LIGNE :

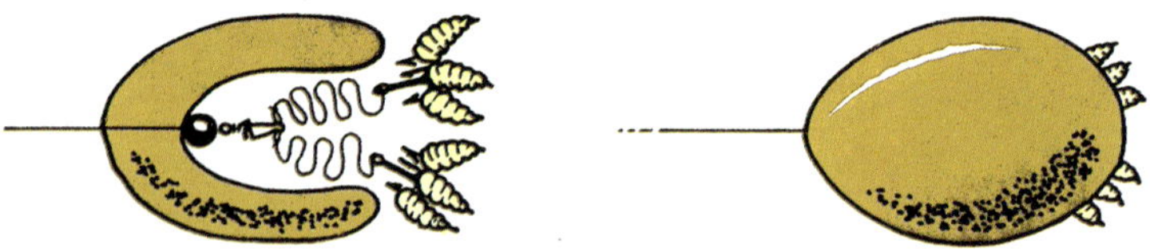

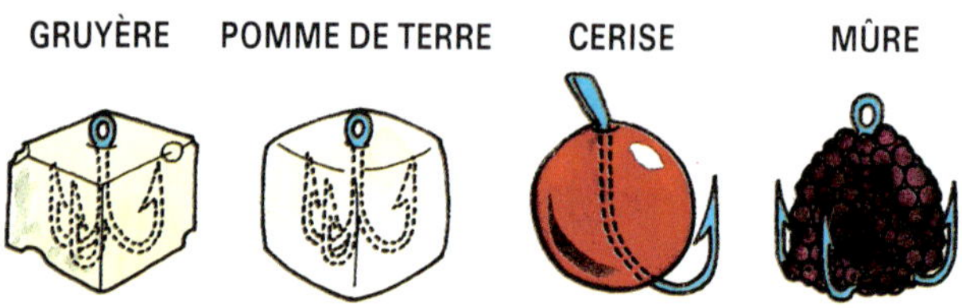

PRINCIPE DE LA GRAINE DE CHÉNEVIS DÉCORTIQUÉE :

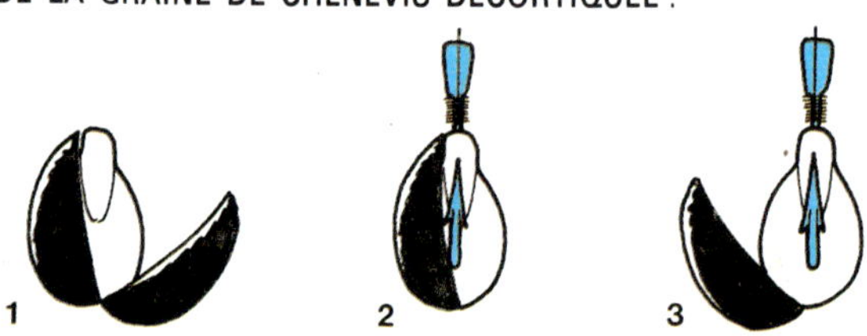

ESCHAGES SPÉCIAUX

MONTAGE DE L'HAMEÇON DROIT DESTINÉ À LA PÊCHE À L'ANGUILLE

MONTAGE À DOUBLE ERGOT POUR VER DE TERRE

MONTAGES À PLUSIEURS VIFS DESTINÉS À LA PÊCHE AU BROCHET :

ESCHAGES D'UNE GRENOUILLE :

ESCHES « MARINES »

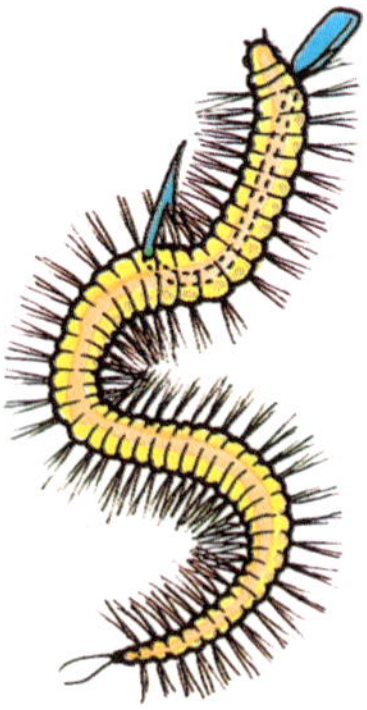

NÉRÉIDE

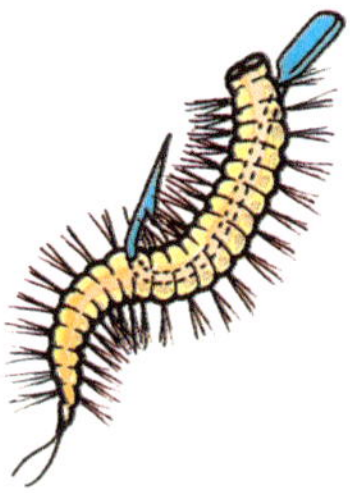

MORCEAU DE NÉRÉIDE

VER DE SABLE

ARÉNICOLE

MORCEAU
DE COUTEAU

PATELLE

MOULE

BIGORNEAU

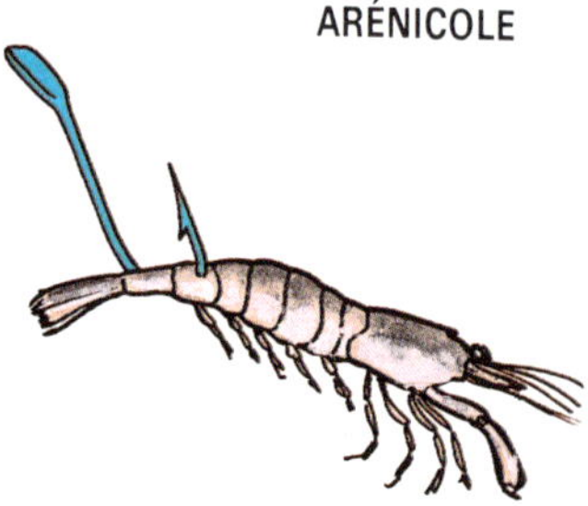

CREVETTE GRISE

BOUQUET

ESCHES « MARINES »

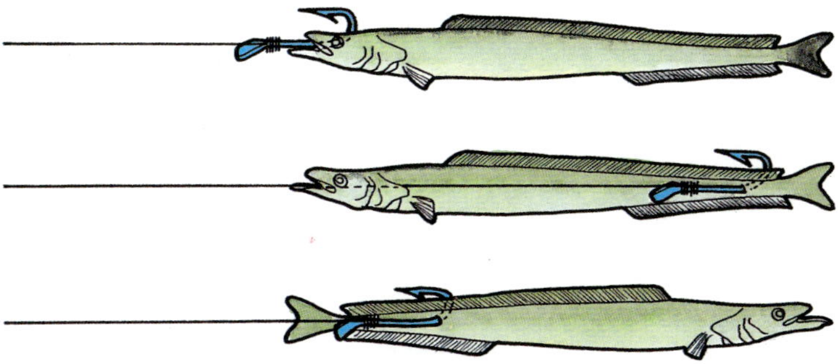

ESCHAGE D'UN LANÇON

SARDINE

TÊTE ET TRIPE
DE SARDINE

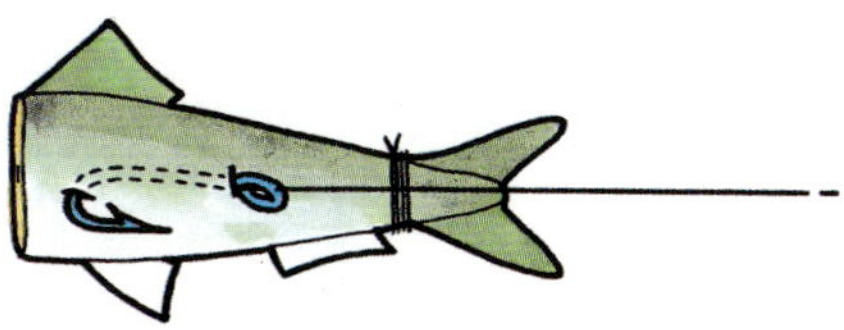

MORCEAU DE POISSON

GUEULIN
DE POISSON

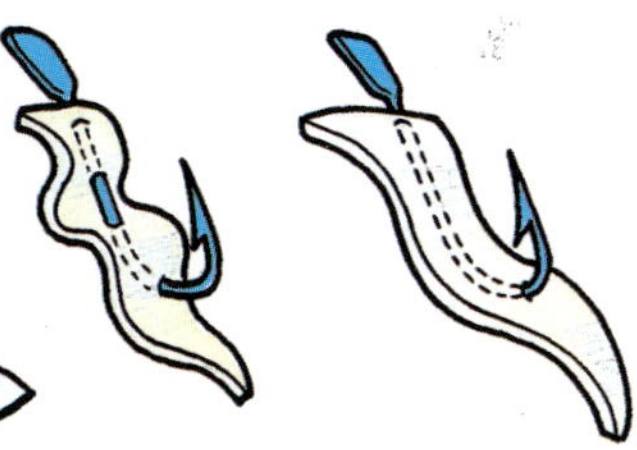

LANIÈRES
D'ENCORNET

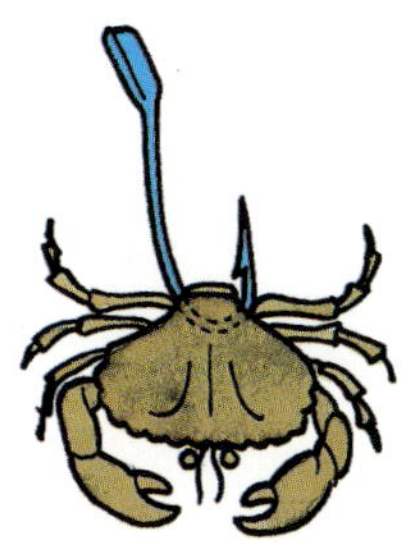

CRABE MOU
(méthode Jean Poirier)

TECHNIQUES DE LA PÊCHE "À L'ANGLAISE"

LES 3 GRANDES FAMILLES DE FLOTTEURS :

LE WAGGLER : Pêches fines à longue distance.

L'AVON : Pêches en eaux rapides.

LE STICK : Pêches en eaux calmes et de bordures.

MONTAGES DES FLOTTEURS :

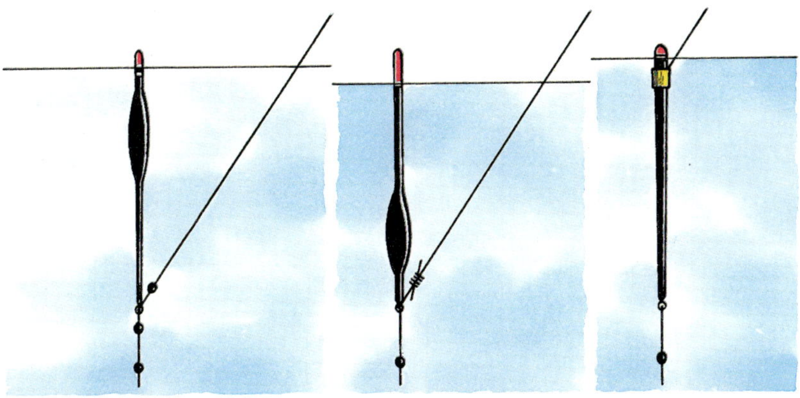

En position fixe. En position coulissant. Fixe avec bague.

NŒUD D'ARRÊT AU FLOTTEUR :

Cette ligature sur la ligne sert d'arrêt au flotteur coulissant.
A noter qu'en doublant ce nœud le risque de glissement est pratiquement nul.

TECHNIQUES DE LA PÊCHE "À L'ANGLAISE"

ACTION DE PÊCHE :

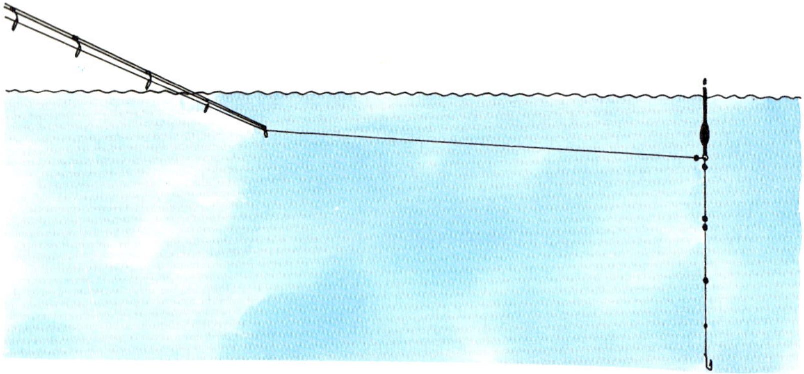

Après avoir lancé la ligne, mouliner rapidement tout en immergeant la pointe du scion afin de reprendre contact avec le flotteur. Cette action ayant pour but de mettre la bannière au raide et d'échapper à l'action du vent.

ÉQUILIBRAGES DES FLOTTEURS :

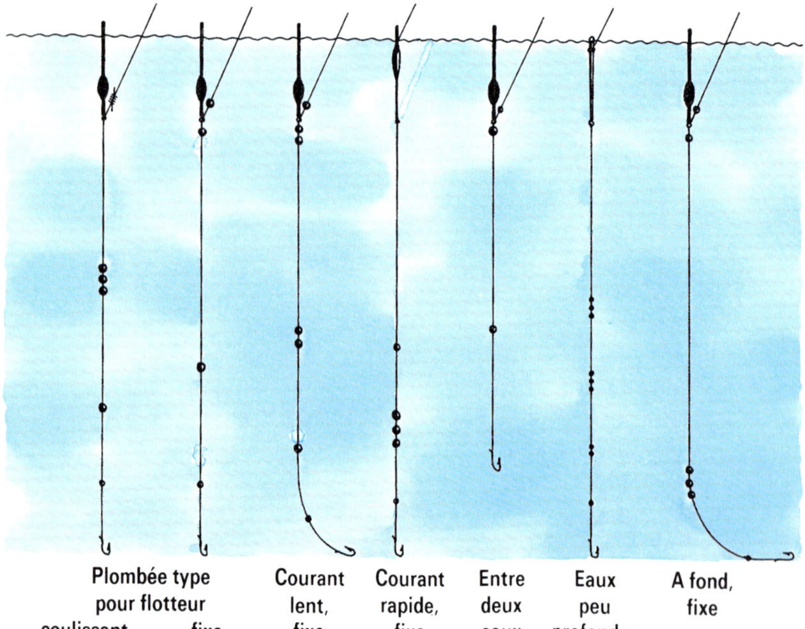

LE LANCER « À L'ANGLAISE »

Après avoir incliné la canne vers l'arrière, la projeter moelleusement vers l'avant. La ligne en prolongement de la canne tirant vers l'avant, lâcher le fil en conservant la même position.

Freiner légèrement le fil en fin de course permettant ainsi à l'ensemble flotteur/plombée de se poser correctement.

LA PÊCHE "À L'ANGLAISE" AU POSÉ

LE SWING-TIP :

Position du swing-tip en action de pêche. A utiliser en eau calme, les jours sans vent.

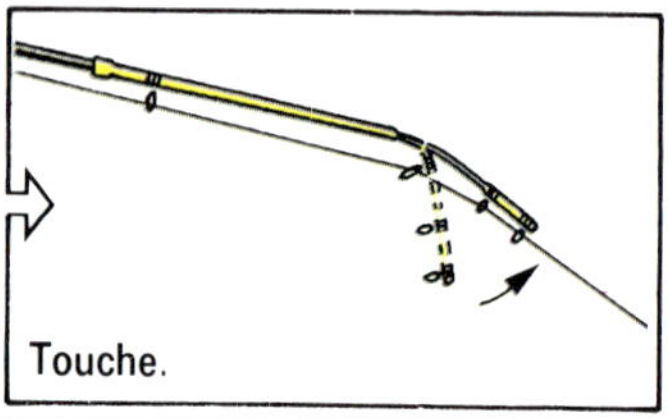

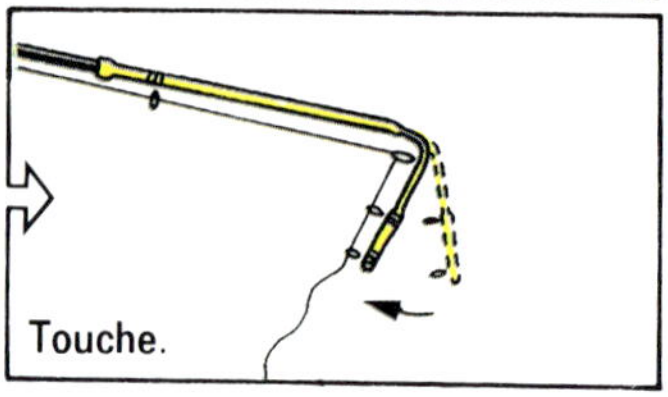

LE QUIVER-TIP :

Position (parallèle à la rive) du quiver-tip en action de pêche. A utiliser en eau courante et les jours avec vent.

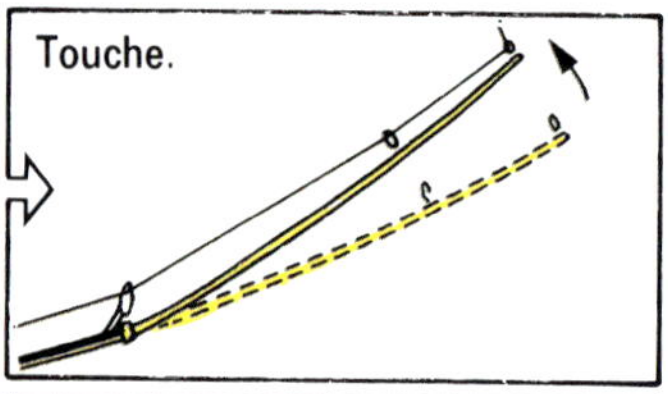

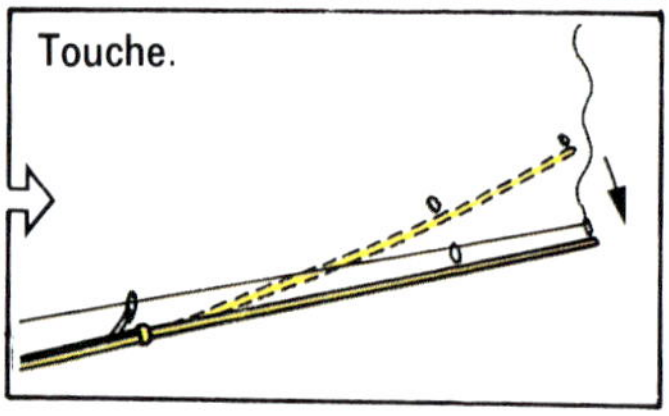

MONTAGES DES LIGNES :

Pêche au swim-feeder (amorçoir).

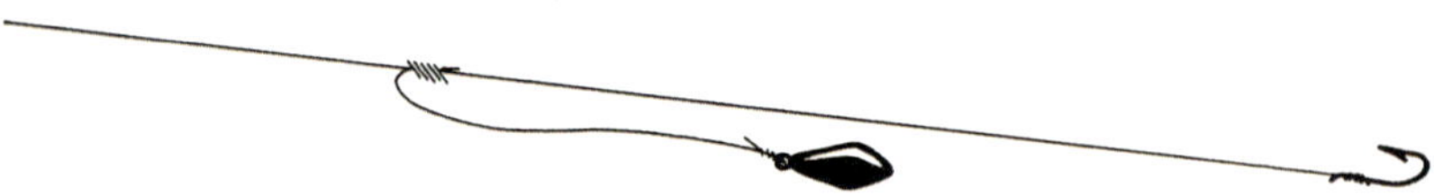

Pêche à la plombée montée en potence.

TECHNIQUES DU LANCER

REMPLISSAGE DE LA BOBINE :

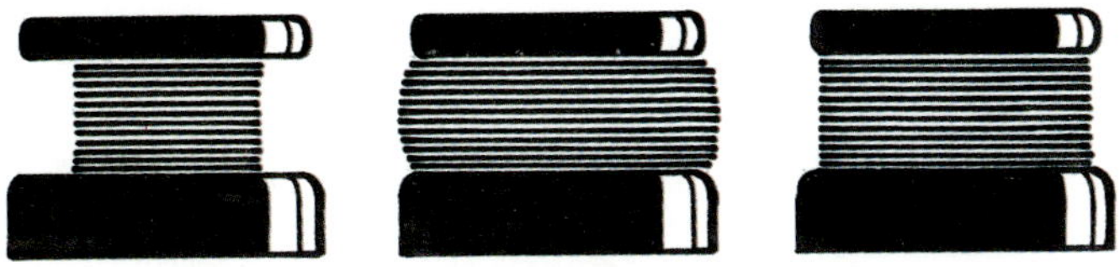

MAUVAIS MAUVAIS BON

PRINCIPE DU LANCER :

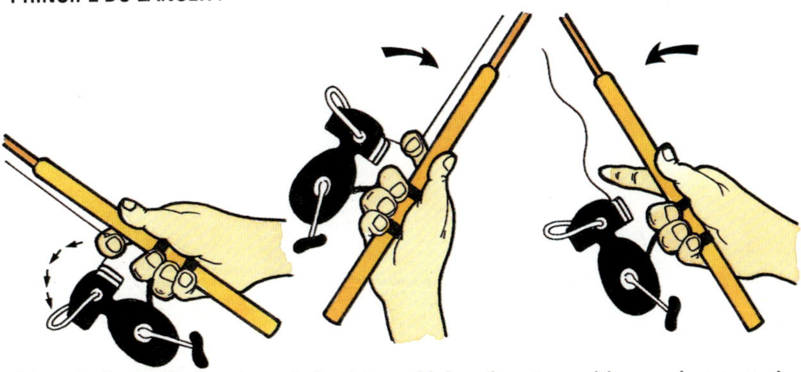

Placer le fil sur l'index et ouvrir le pick-up. Maintenir cette position pendant toute la durée du mouvement donné à la canne. Puis ouvrir l'index au maximum de l'élan en libérant ainsi le fil.

LANCER A DEUX MAINS

TECHNIQUES DU LANCER

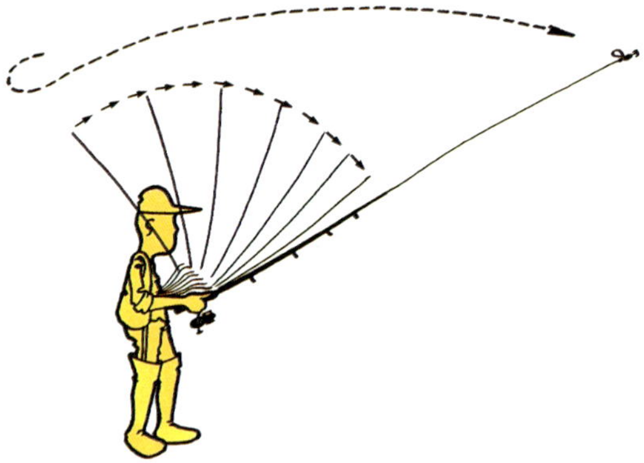

LANCER VERTICAL

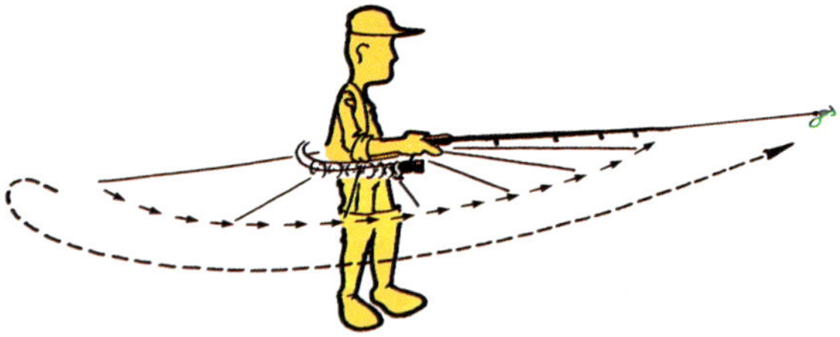

LANCER HORIZONTAL

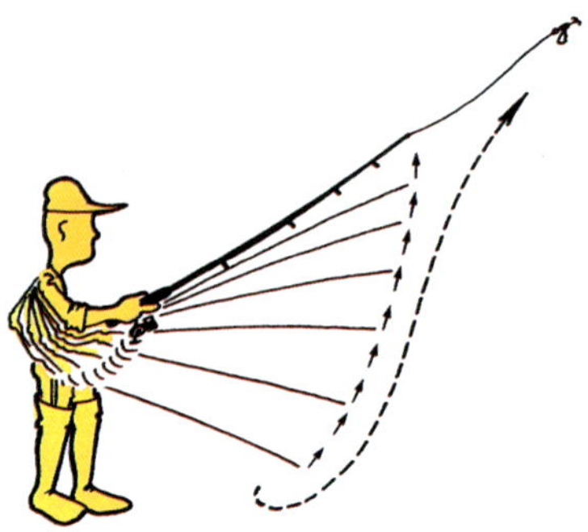

LANCER SOUS LA MAIN

MOULINET : RÉGLAGE DU FREIN

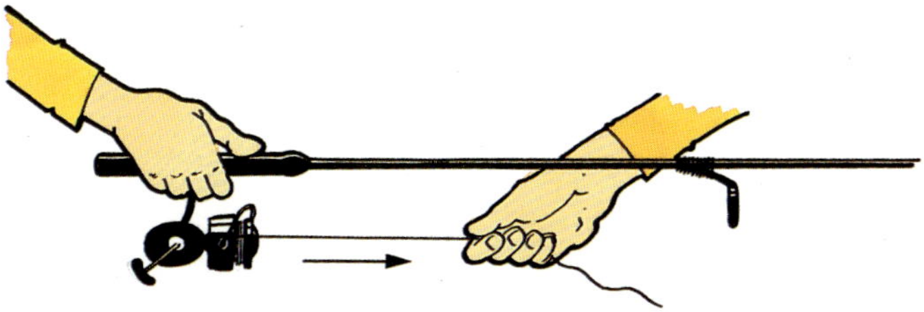

Ayant laissé le pick-up fermé, tirer directement le fil en réglant le frein de façon que celui-ci laisse se dévider le nylon de la bobine suivant la résistance désirée.

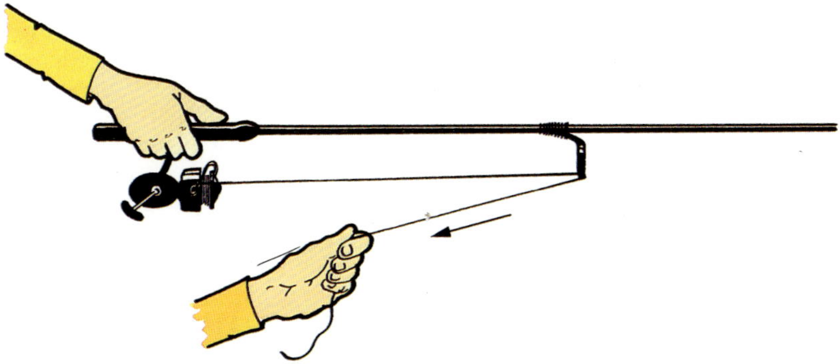

Même méthode, en passant le fil par le premier anneau de la canne.

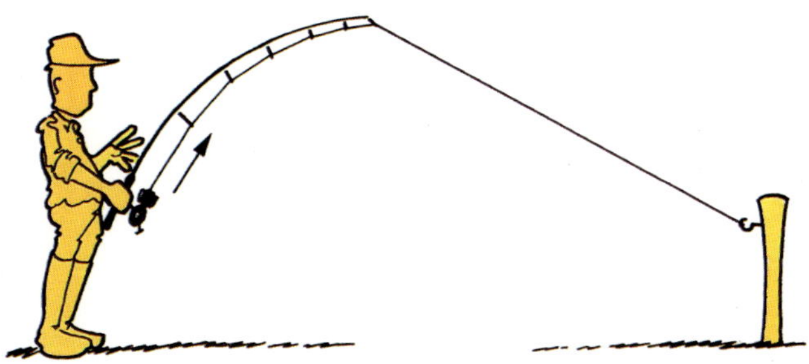

Même méthode, en ayant un point d'accrochage.

LEURRES ARTIFICIELS ET LEUR ACTION

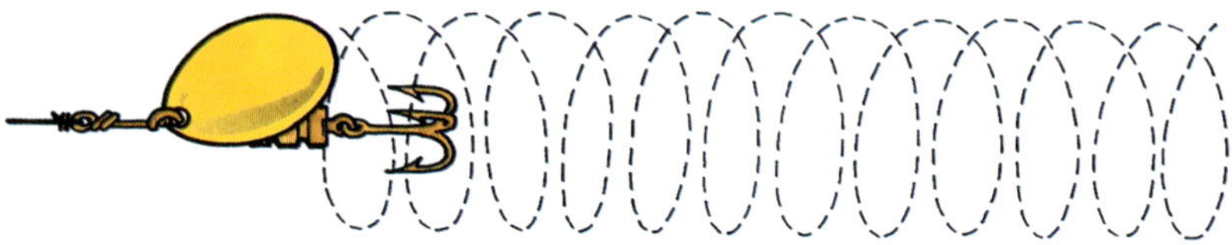

CUILLER À PALETTE OVALE

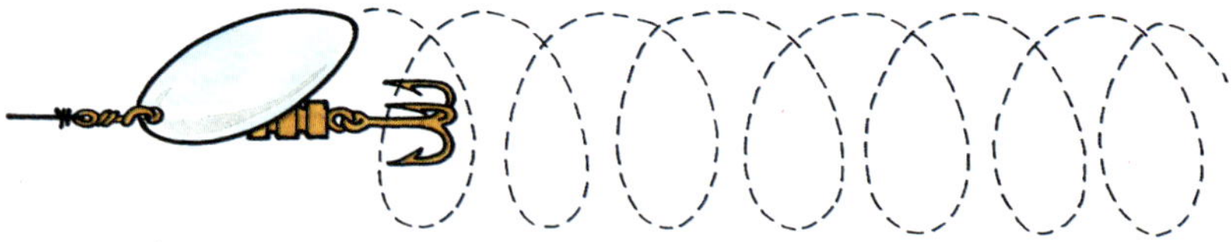

CUILLER À PALETTE ALLONGÉE

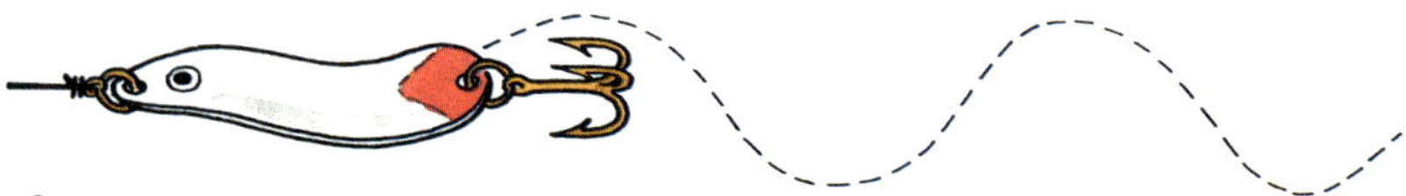

CUILLER ONDULANTE

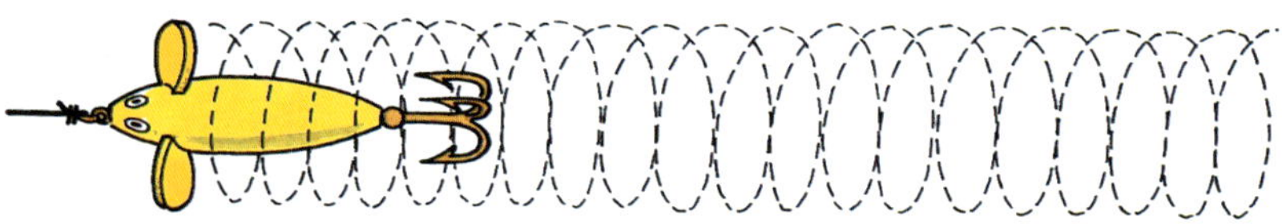

DEVON

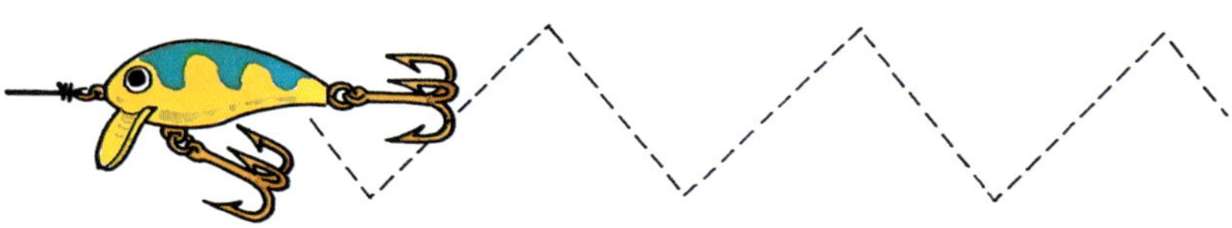

POISSON NAGEUR

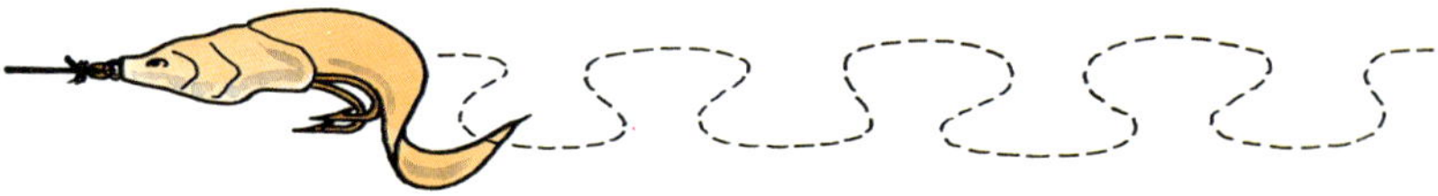

LEURRE EN PLASTIQUE SOUPLE

VIRGULE

ESCHAGES D'UN VIF POUR FERRAGE RETARDÉ

SIMPLE | « RYDER » | TRIPLE | DOUBLE RENVERSÉ | DOUBLE DROIT | « BEC DE PERROQUET »

EN SETON SUR LE DOS

EN SETON SUR LE FLANC

TRIPLE EN SETON SUR LE DOS

ACCROCHAGE PAR LE NEZ

ACCROCHAGE PAR LE DOS

ACCROCHAGE PAR LE NEZ

ESCHAGES D'UN VIF POUR FERRAGE IMMÉDIAT

MONTURE « JARDINE »

MONTURE « ANGLAISE »
EAU COURANTE

ACCROCHAGE PAR LE DOS

MONTURE « ANGLAISE »
EAU COURANTE RAPIDE

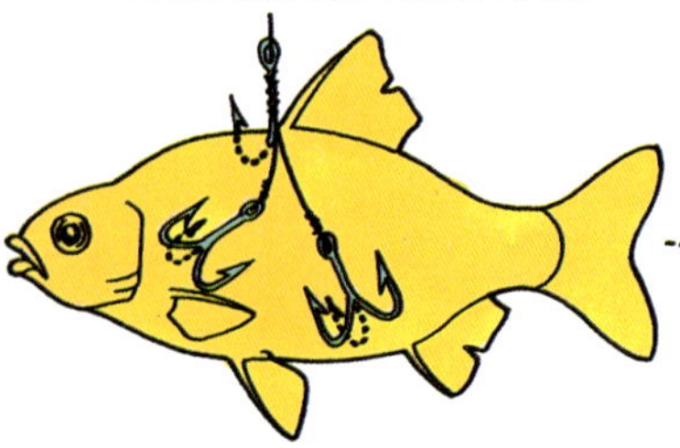

MONTURE « JOHN BICKEDYKE »

MONTURE SUR LE FLANC

ACCROCHAGE PAR LE DOS

MONTURE POUR EAU
ENCOMBRÉE D'HERBIERS

ESCHAGE DU VIF EN SETON (VIF LOCHÉ)

L'avançon en acier doit passer devant l'œillet facilitant ainsi la mise en place du montage entre cuir et chair du poisson.

MONTAGES DE LIGNES POUR PÊCHE AU VIF

LIGNE FLOTTANTE

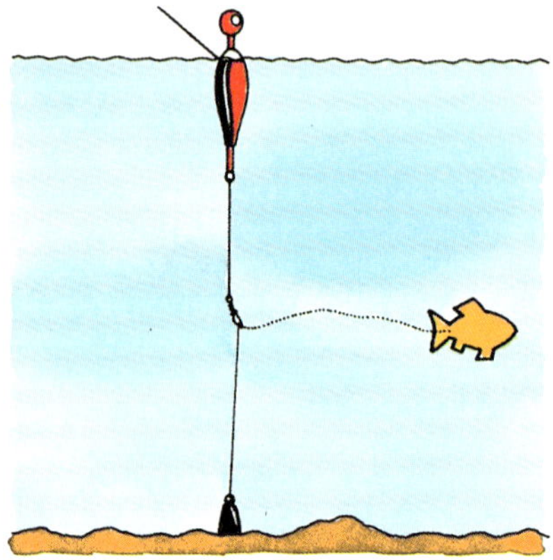

PATER NOSTER FLOTTANT

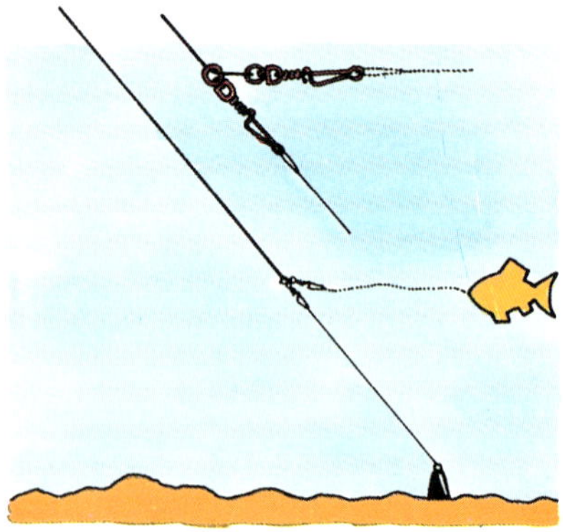

PATER NOSTER TENDU

PÊCHE À FOND

PÊCHE À FOND

PATER NOSTER INVERSÉ

ESCHAGES D'UN POISSON MORT AU POSÉ

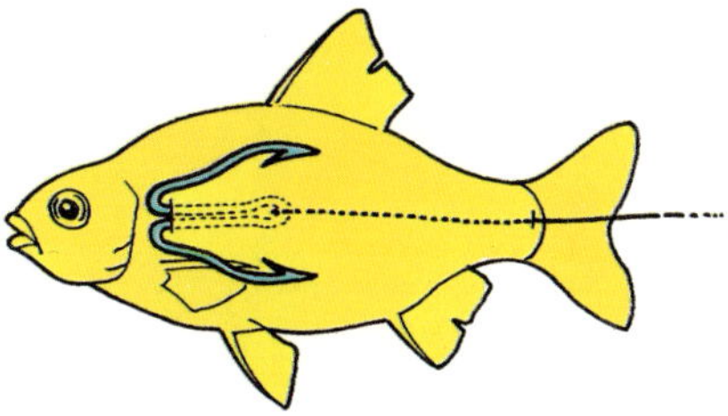

EN SETON SUR LE FLANC

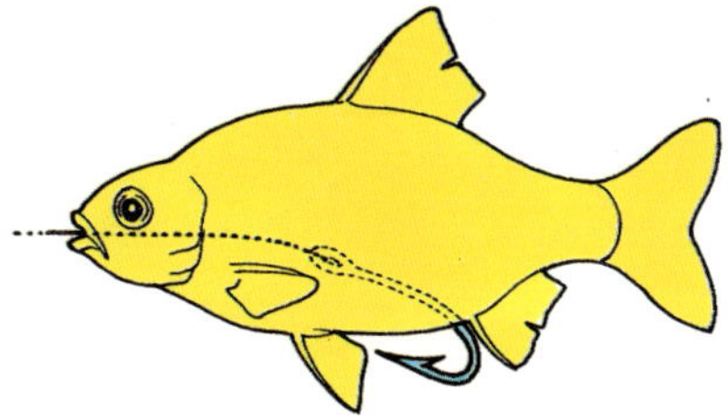

HAMEÇON SIMPLE LOCHÉ

EN SETON SUR LE DOS

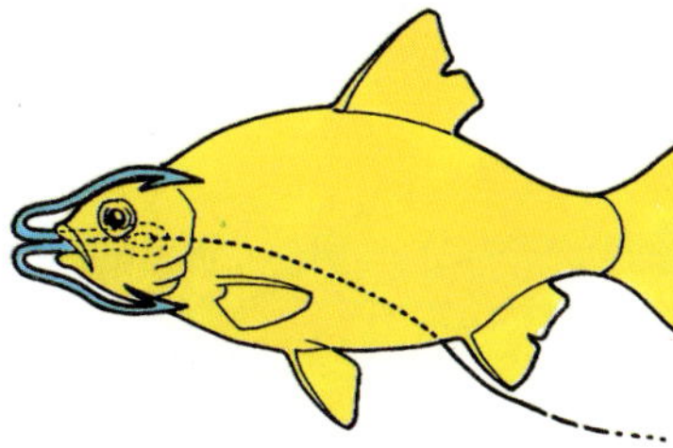

EN « GORGE-HOOK »

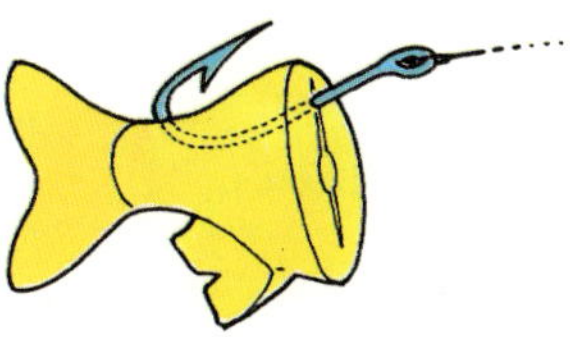

HAMEÇON SIMPLE
FERRAGE RETARDÉ

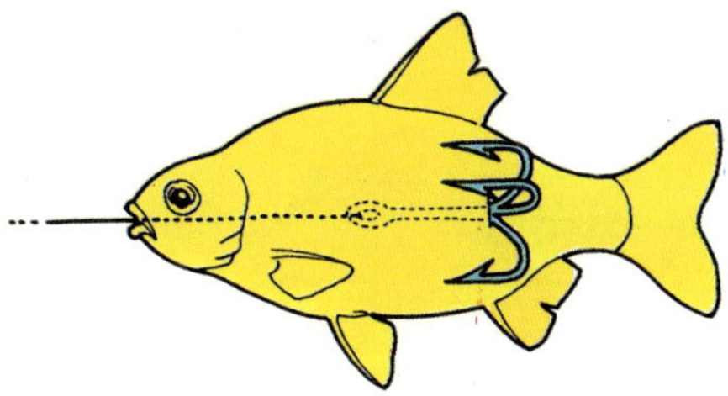

TRIPLE EN SETON SUR LE FLANC

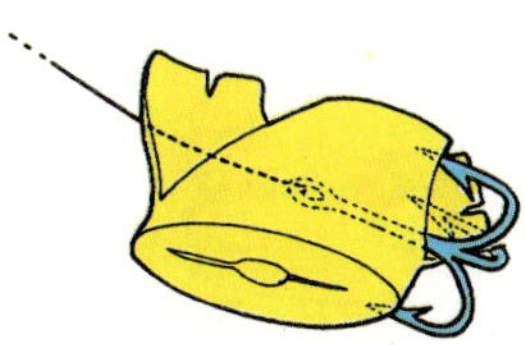

HAMEÇON TRIPLE
FERRAGE PRESQUE IMMÉDIAT

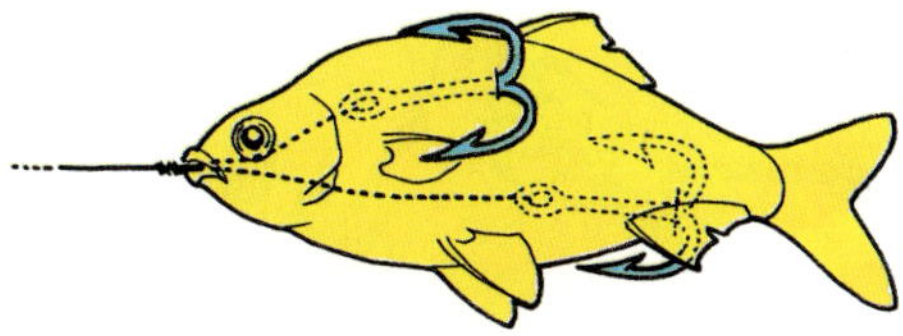

MONTURE POUR FERRAGE IMMÉDIAT

ESCHAGES POUR PÊCHE AU POISSON MORT MANIÉ

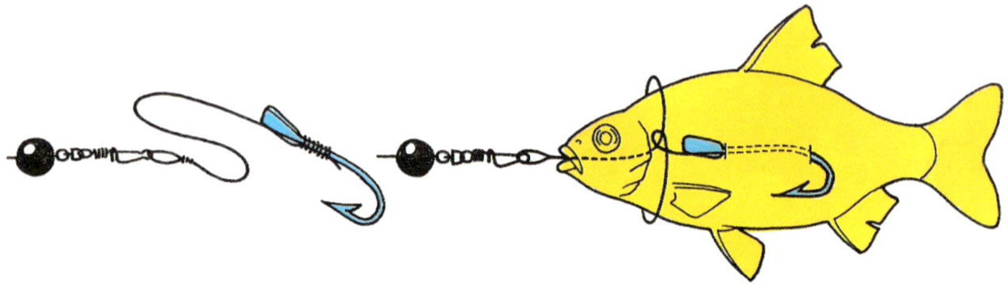

Après avoir fait une boucle en arrière de la tête, enfiler l'hameçon de telle sorte que le poissonnet épouse la courbure. La boucle le maintenant ainsi.

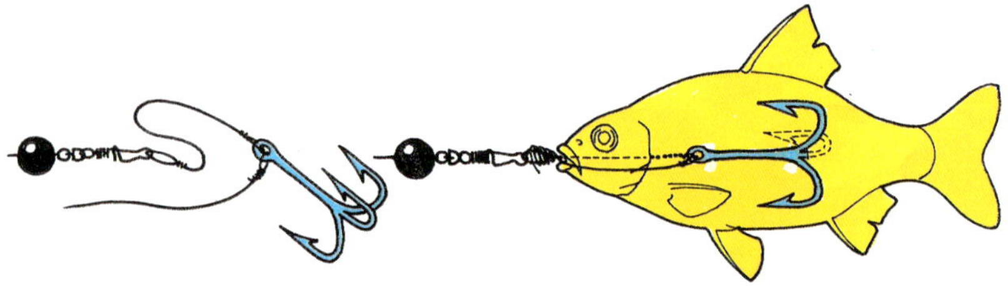

Après avoir enfilé l'hameçon, passer l'avançon sous l'ouïe en le faisant ressortir par la bouche. Torsader ensuite le fil de laiton en avant du poisson.

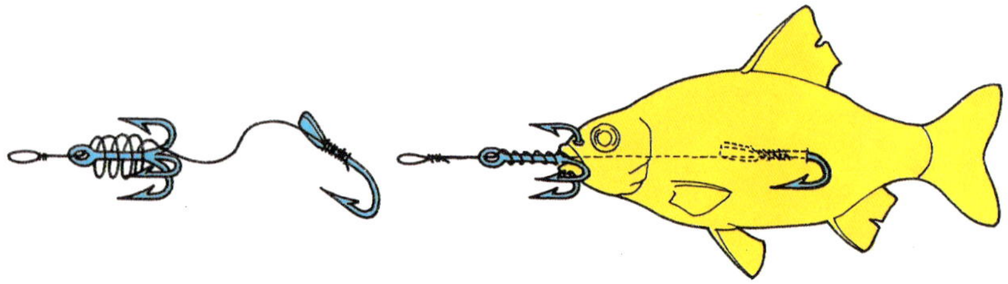

Après avoir loché le poisson à l'aide d'un hameçon simple, accrocher une branche d'un triple dans la gueule. Régler la distance triple-simple. Plomber à courte distance. (Montage Henri Bot.)

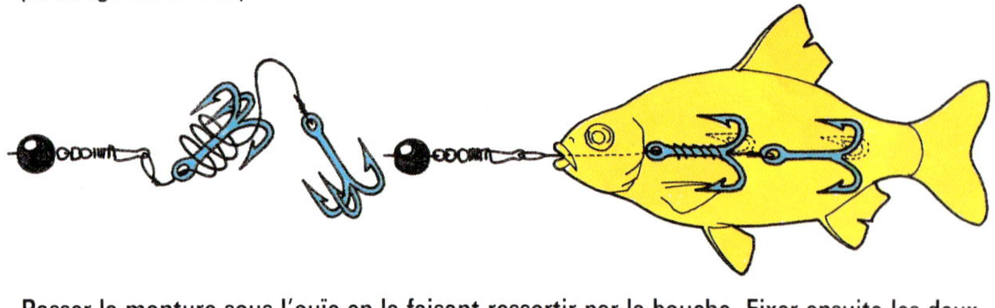

Passer la monture sous l'ouïe en la faisant ressortir par la bouche. Fixer ensuite les deux triples après réglage de la distance des hameçons.

ESCHAGES POUR PÊCHE AU POISSON MORT MANIÉ

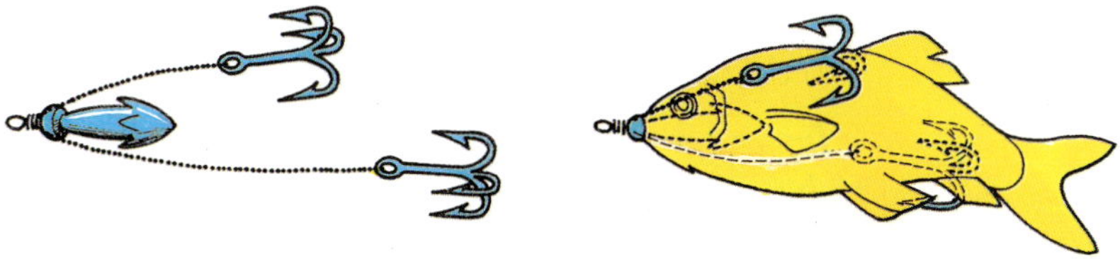

Introduire le plomb à l'intérieur du poisson, armer ensuite un côté avec le plus court avançon. Agir de même de l'autre côté avec le plus long en cherchant à obtenir un bon cintrage.

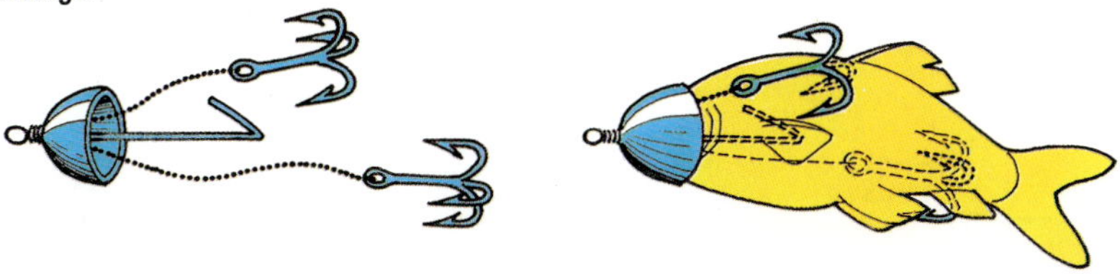

Introduire la tige métallique dans la bouche, l'armement restant le même que précédemment.

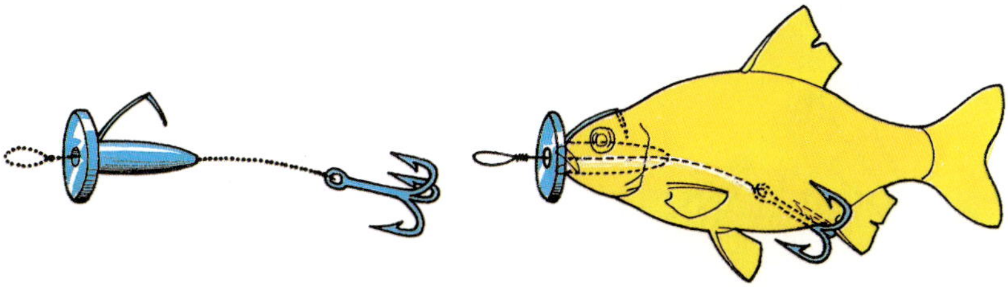

Faire passer d'arrière en avant un avançon en acier armé d'un triple. Régler ensuite le plomb à disque en rhodoïd en tête. Celui-ci imprimant un frétillement au poisson.

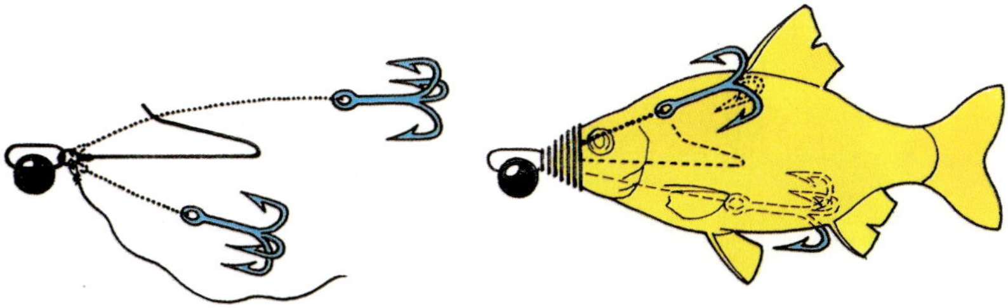

Introduire la tige métallique dans la bouche. Armer ensuite chaque côté du poisson avec les deux hameçons. Puis, après avoir transpercé les joues du poissonnet, enrouler le fil de laiton autour de la gueule assurant un bon maintien (montage Drachkovitch).

LE RAMENÉ AU POISSON MORT MANIÉ

MOUVEMENTS DU POISSON OBTENUS SUR LE FOND

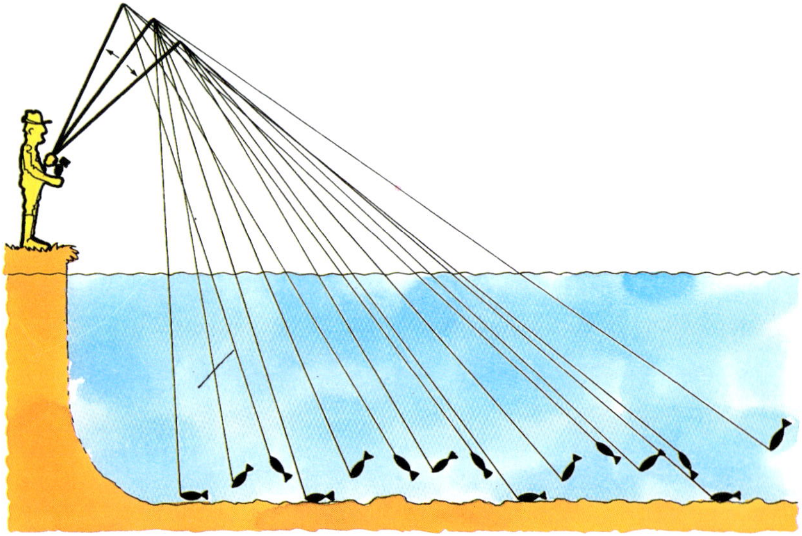

MOUVEMENTS DE CANNE, DE RÉCUPÉRATION ET DE RELÂCHÉ

MONTAGES DE DANDINES ET DANDINETTES

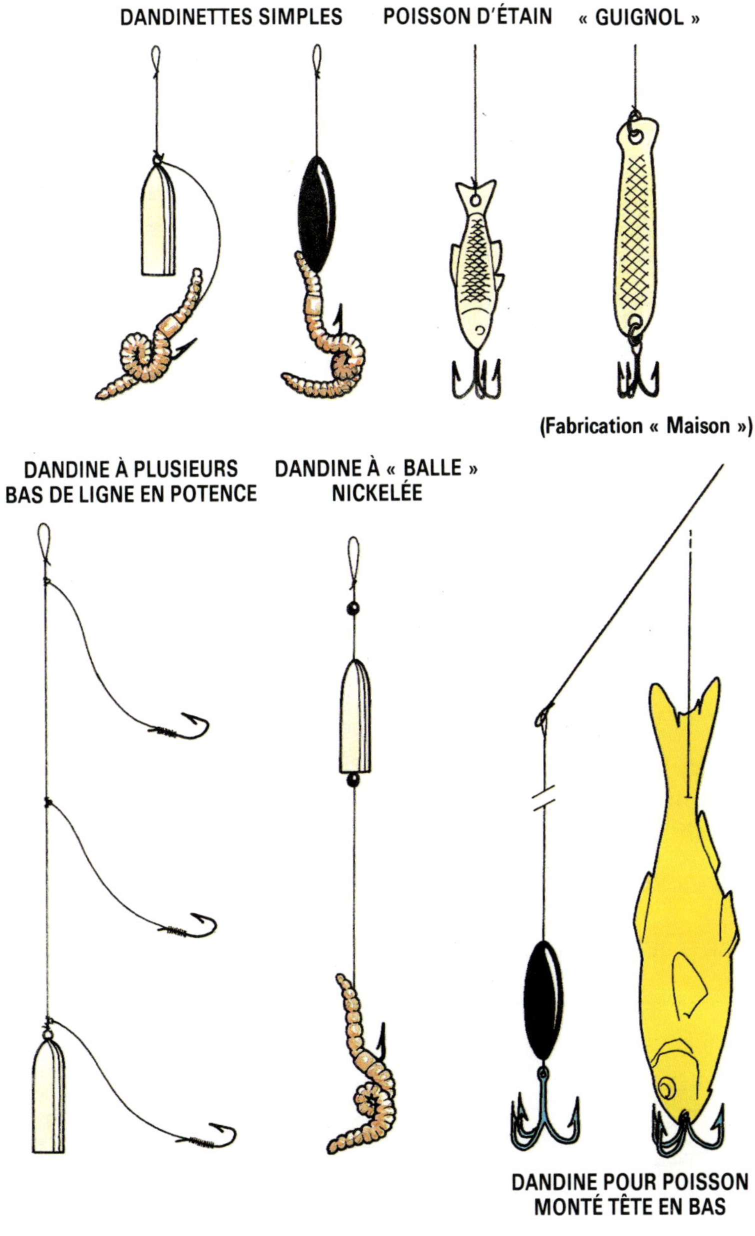

MONTAGES POUR PÊCHE À RAMENER

CUILLER POUR ESCHE ANIMALE :

Ôter l'hameçon initial de la cuiller et le remplacer par l'ensemble fil de nylon (ou corde à piano) + hameçon simple.

MONTAGE AVEC PLOMBÉE EN DÉRIVÉE POUR ESCHE ANIMALE :

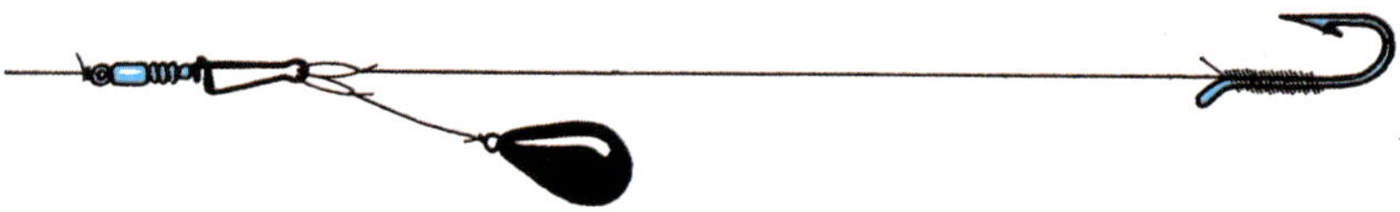

MONTAGE SIMPLE POUR ESCHE ANIMALE :

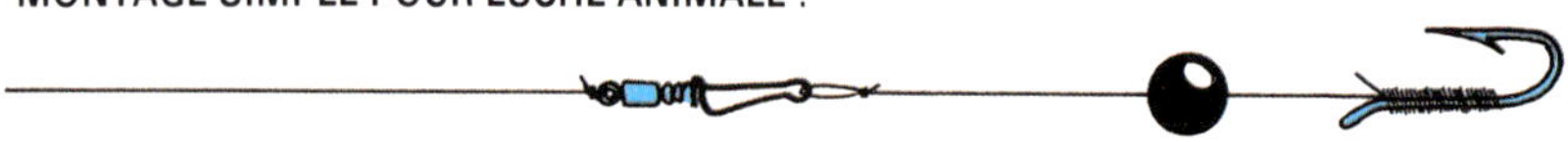

Morceau de lard

Grillon ou Sauterelle

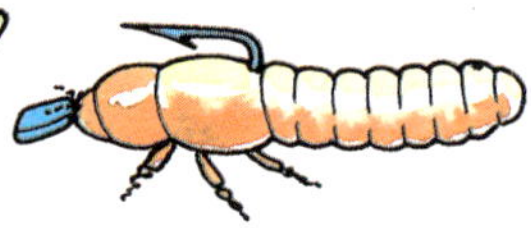

Teigne, Ver de bois, etc.

MONTAGE À TÊTE PLOMBÉE :

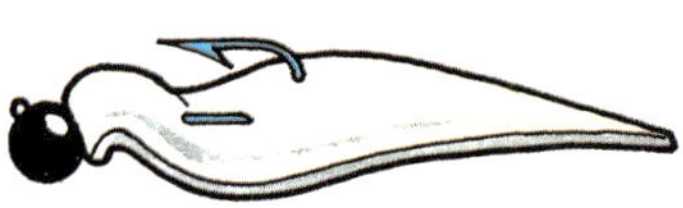

Morceau de lard

Ver de terre

LE RAMENÉ À LA DANDINE

MOUVEMENTS SACCADÉS DE LA DANDINE OBTENUS SUR LE FOND

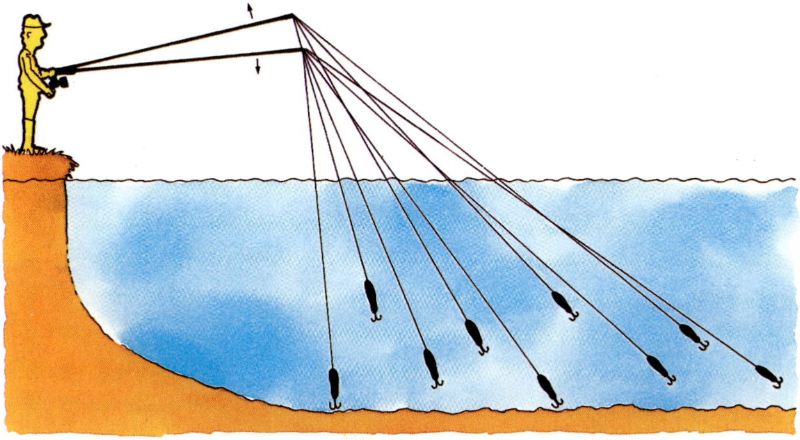

MOUVEMENTS DE CANNE, DE RÉCUPÉRATION ET DE RELACHE

ESCHAGES POUR PÊCHE AU POISSON MORT À LA SONDÉE

MONTURE EN «GORGE-HOOK»
Réservée à la dandine dans les endroits encombrés d'herbiers. Ferrage retardé.

MONTURE POUR «SONDÉE»
Pour la pêche à la dandine sous la canne. Ferrage semi-retardé.

MONTURE À «DANDINE»
Ferrage immédiat.

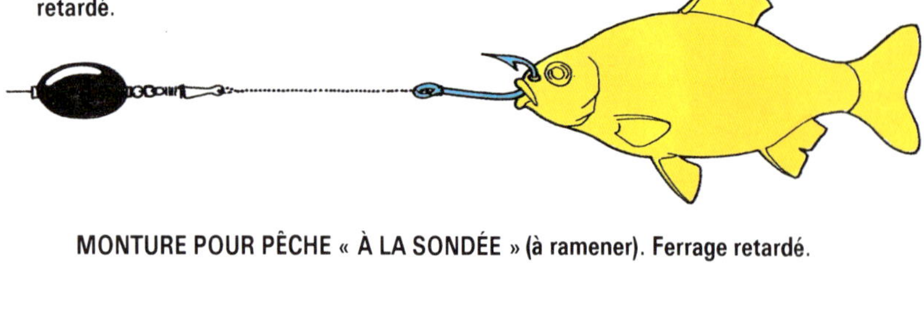

MONTURE POUR PÊCHE « À LA SONDÉE » (à ramener). Ferrage retardé.

MONTAGES DE GAMBES
(À DANDINER OU À RAMENER)

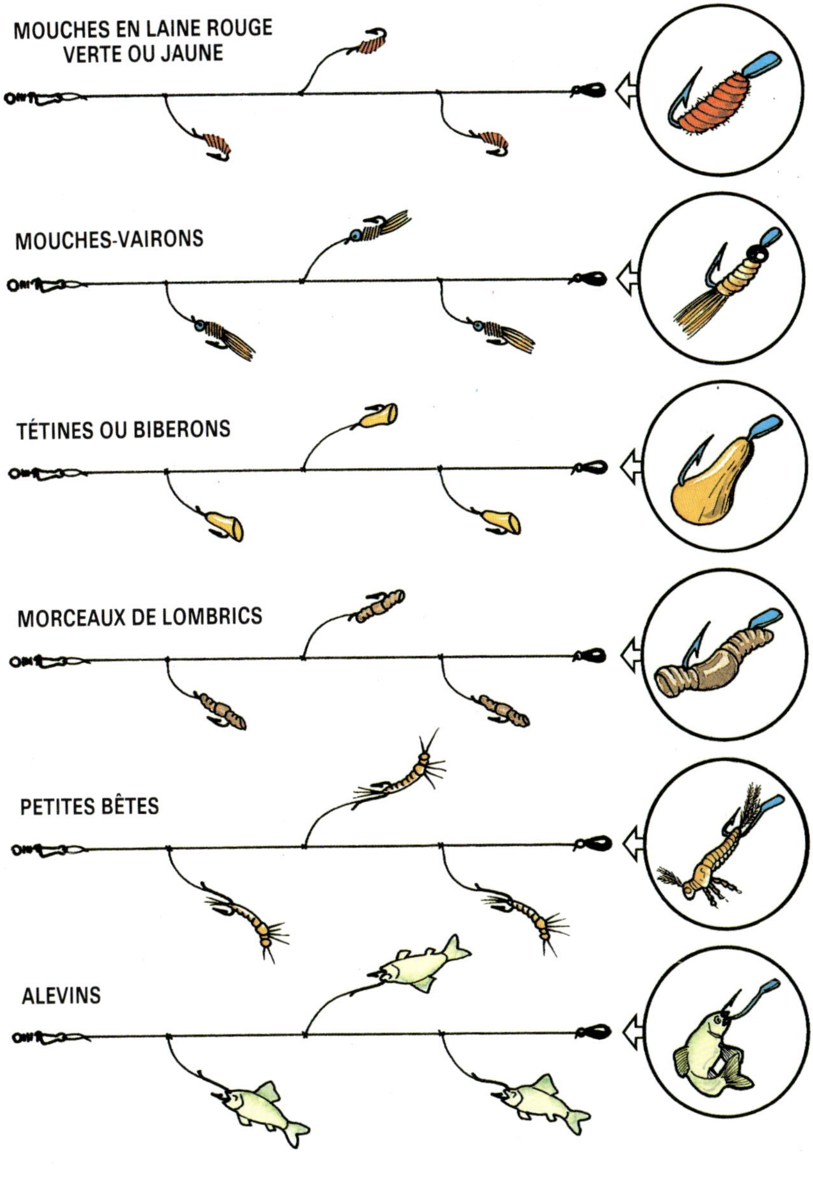

MONTAGES DE LIGNES AVEC BULDO

SAUTERELLE MONTÉE EN SAUTEUSE :

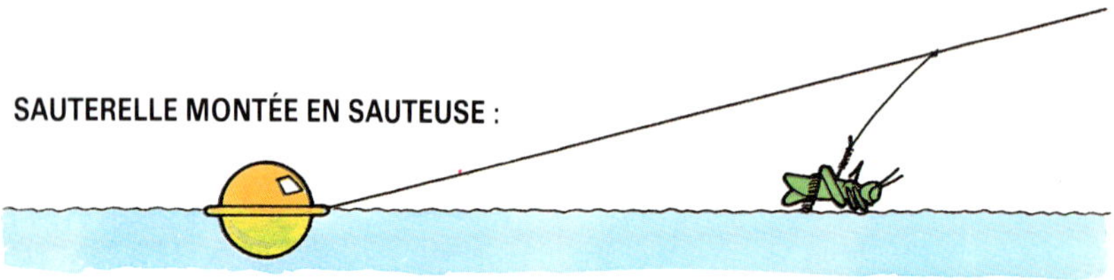

POISSONNET MONTÉ EN POINTE :

VER MONTÉ EN POINTE :

MOUCHE SÈCHE MONTÉE EN POINTE :

TRAIN DE MOUCHES MONTÉES EN SAUTEUSE :

TRAIN DE MOUCHES NOYÉES MONTÉES EN DÉRIVE :

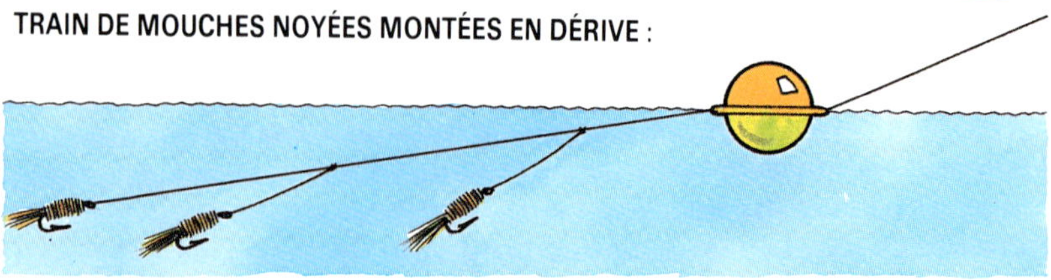

TRAIN DE MOUCHES NOYÉES + UNE SAUTEUSE EN TÊTE :

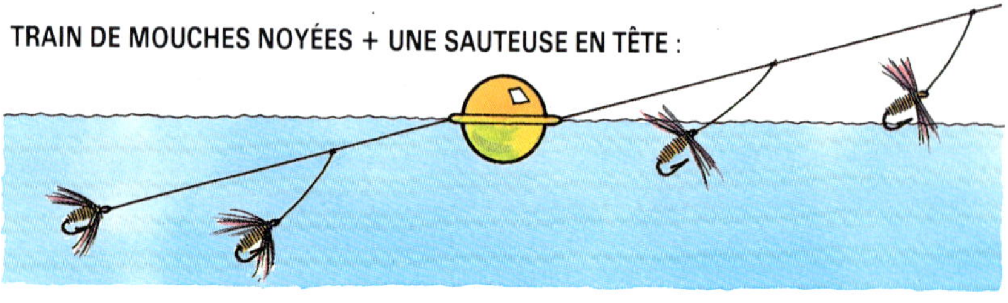

TECHNIQUE DE LA PÊCHE À LA MOUCHE

LES CANNES :

action rapide

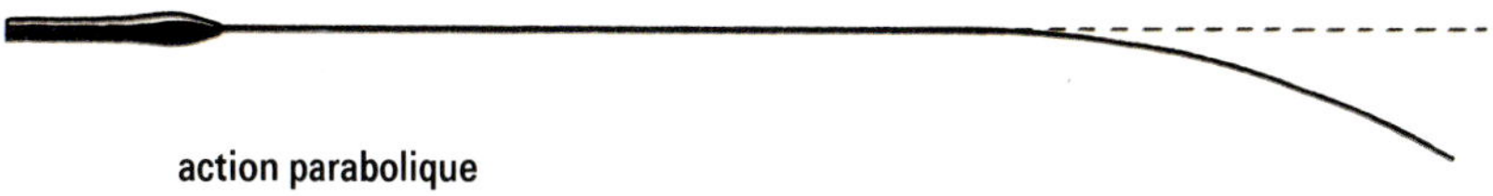

action parabolique

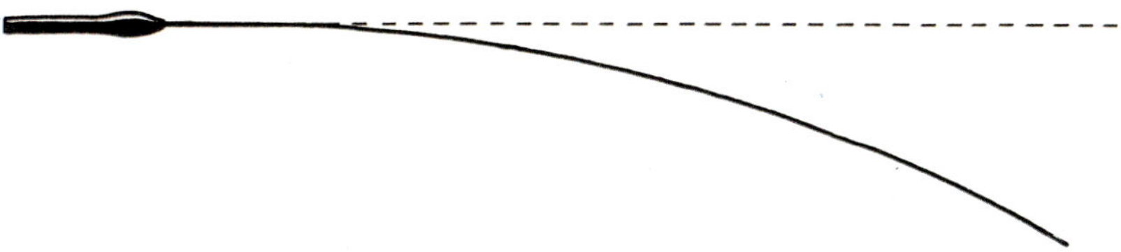

PRISE EN MAIN DE LA POIGNÉE :

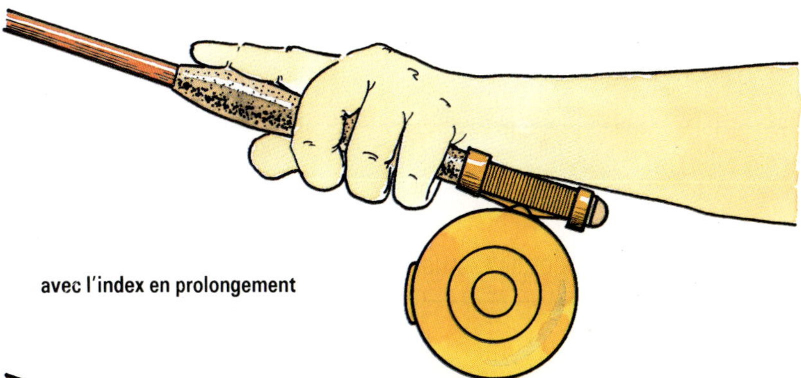

avec l'index en prolongement

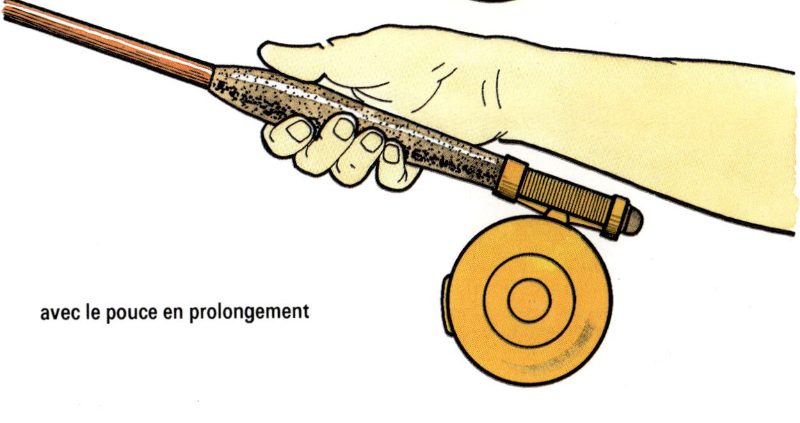

avec le pouce en prolongement

TECHNIQUE DE LA PÊCHE À LA MOUCHE

LES LIGNES À MOUCHE

parallèle :

double fuseau :

fuseau décalé :

BAS DE LIGNE EN QUEUE DE RAT, À NŒUDS

POUR PÊCHE EN SÈCHE :

POUR PÊCHE EN NOYÉE :

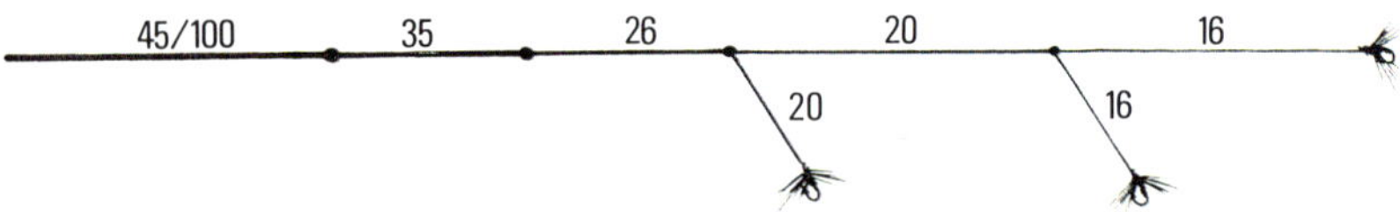

BAS DE LIGNE EN QUEUE DE RAT, SANS NŒUD

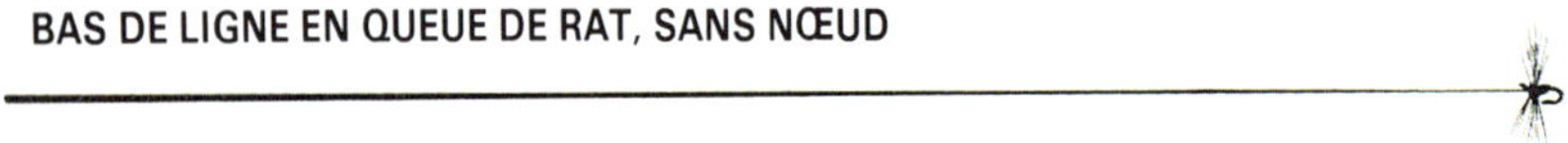

LES MOUCHES :

nymphe émergeante submago imago spent

MOUCHE : LE LANCER VERTICAL

MOUVEMENT ARRIÈRE :

MOUVEMENT AVANT ET POSÉ :

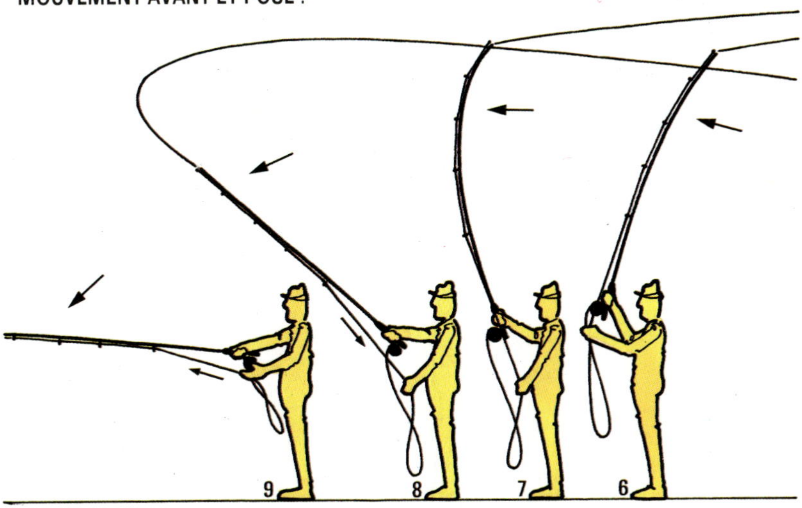

MOUCHE : LE LANCER ROULÉ

ARRACHÉ DE LA LIGNE :

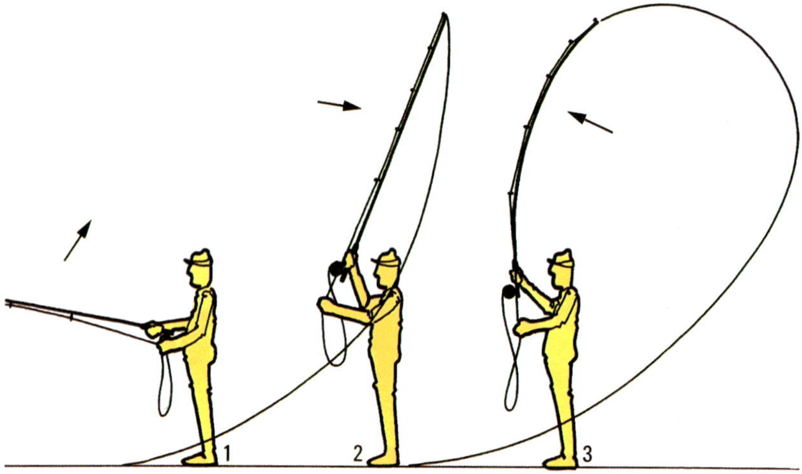

BOUCLE ET POSÉ :

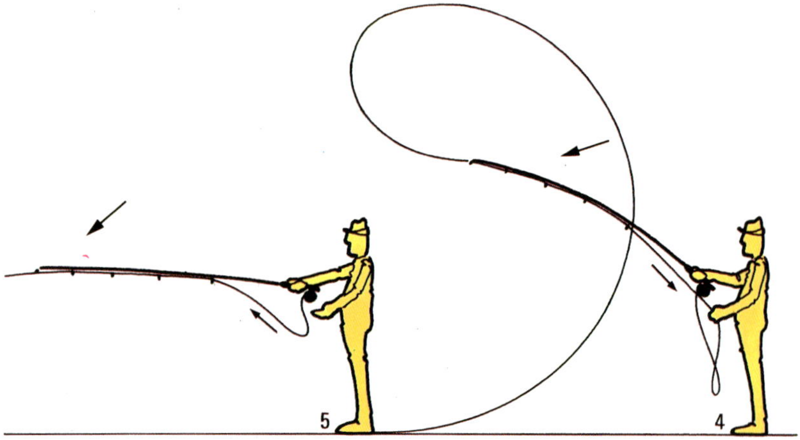

MOUCHE : RÉCUPÉRATION DE LA SOIE

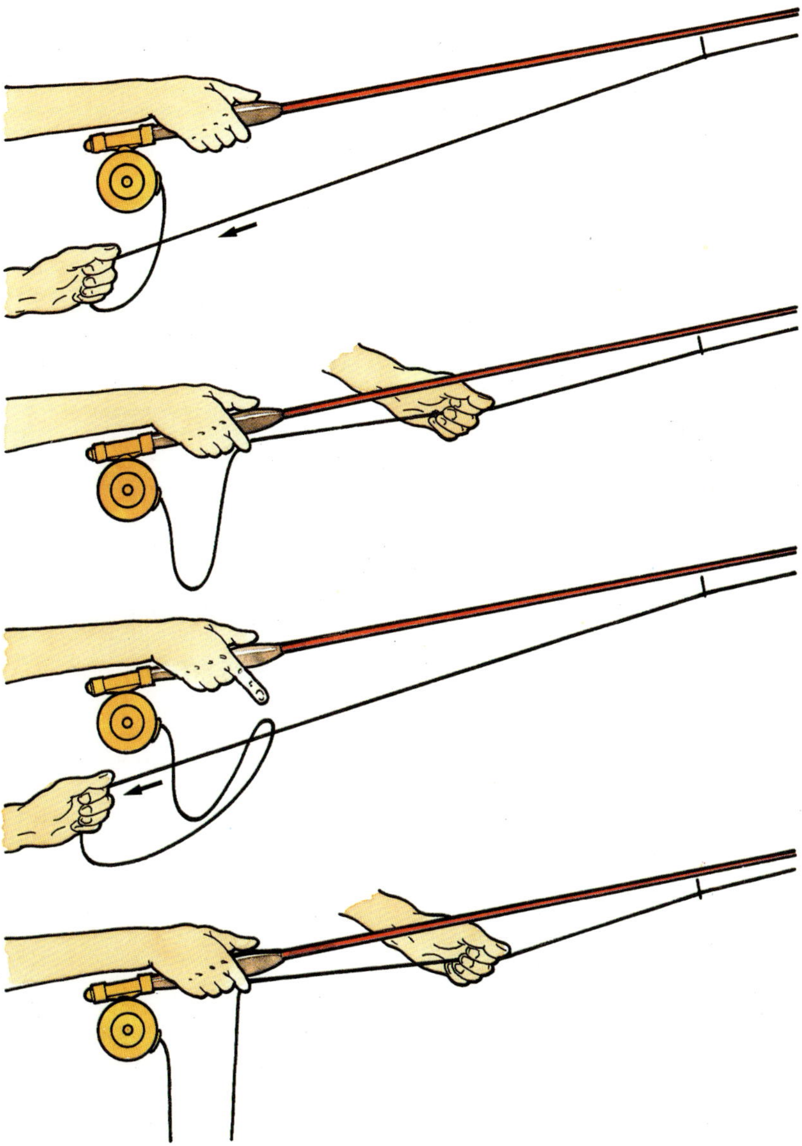

L'AMORÇAGE

EN SURFACE

LÉGÈRE POUR « TOUT-VENANT »

AVEC SWIM-FEEDER

AVEC RESSORT-AMORÇOIR

LOURD SUR FOND EN DÉCLIVITÉ

LOURD SUR LE FOND

C11
Club Fr

MANŒUVRES DU POISSON FERRÉ ET DE MISE À L'ÉPUISETTE

MANŒUVRE DU POISSON FERRÉ :

Dès que le poisson ferré démarre, décaler la canne de l'axe de la trajectoire prise déséquilibrant ainsi sa nage sans essayer de le décoller du fond. Le but étant de lui opposer une légère traction à la direction qu'il prend afin de le brider, et de le faire en fin de compte monter à la surface.

MANŒUVRE DE LA MISE À L'ÉPUISETTE :

LES POSTES À TRUITES

« LECTURE » D'UNE RIVIÈRE À TRUITES :

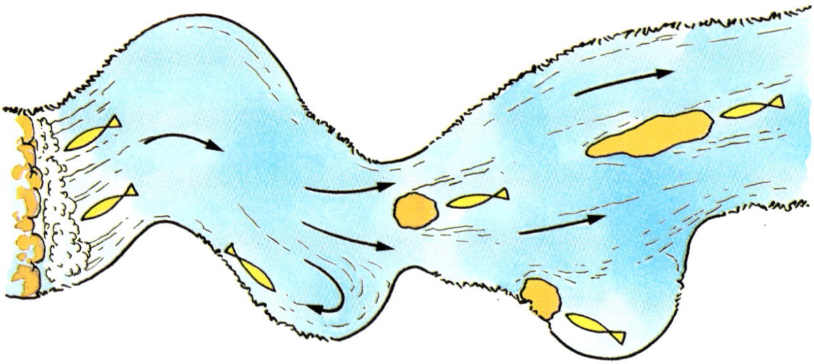

LES POSTES PRIVILÉGIÉS DE LA TRUITE :

DIFFÉRENCES ENTRE LE SAUMON ET LA TRUITE DE MER

TRUITE DE MER

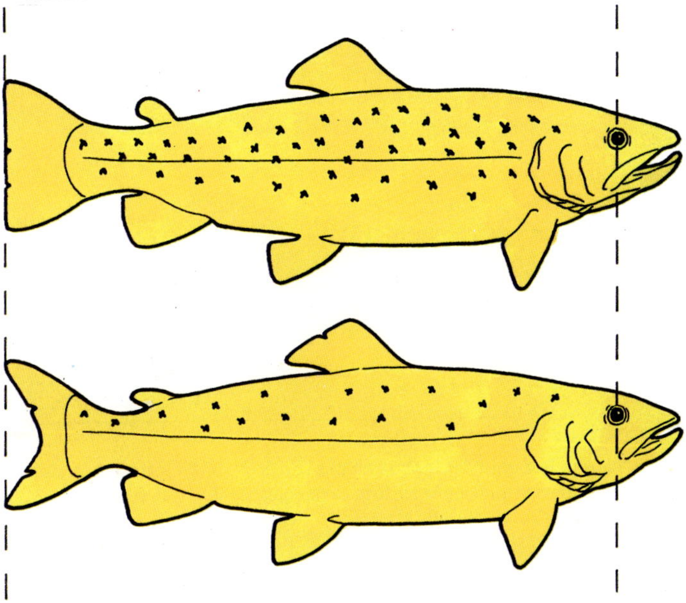

SAUMON

TRUITE DE MER :

- Mâchoire dépassant l'arrière de l'œil.
- Nageoire caudale droite.
- Attache de la nageoire caudale épaisse et arrondie.
- Robe tachetée, même en dessous de la ligne latérale.
- 10 à 13 écailles entre la nageoire adipeuse et la ligne latérale.

SAUMON :

- Mâchoire ne dépassant pas l'arrière de l'œil.
- Nageoire caudale échancrée.
- Attache de la nageoire caudale fine et aplatie.
- Robe peu tachetée, jamais en dessous de la ligne latérale.
- 13 à 16 écailles entre la nageoire adipeuse et la ligne latérale.

LA PÊCHE « À LA TRAÎNE »

EN EAU DOUCE :

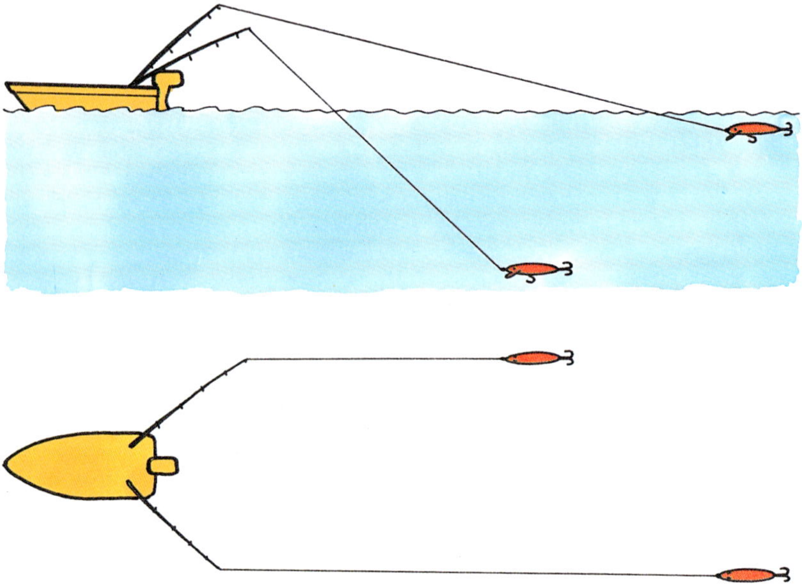

Comme le montre le dessin, les longueurs des lignes (9 et 15 mètres) et la profondeur d'évolution des leurres (près de la surface et plongeant) seront différentes.

EN MER :

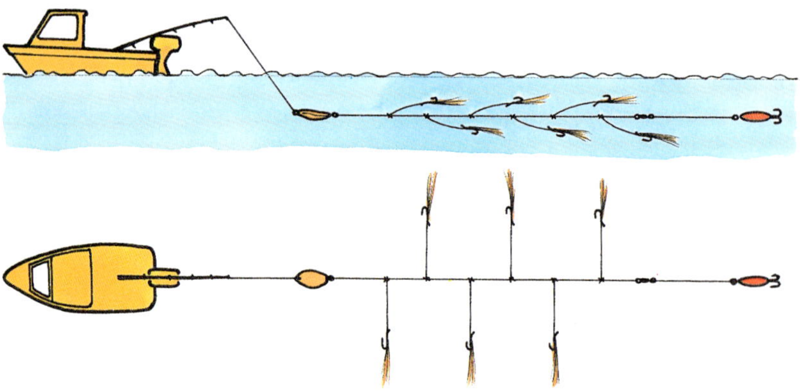

Ligne « mitraillette » (de 10 mètres environ) avec cuiller ondulante reliée à une « planchette ».

RECONNAISSANCE DES POISSONS D'EAU DOUCE

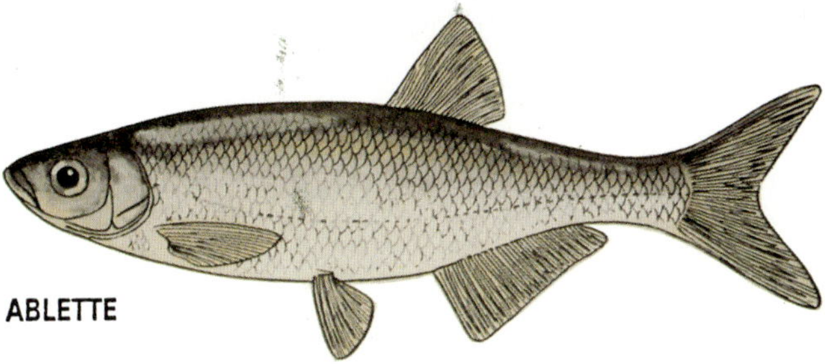

ABLETTE

ALOSE FINTE

ANGUILLE

BARBEAU

BLACK-BASS

BOUVIÈRE

BRÈME BORDELIÈRE

BROCHET

BRÈME COMMUNE

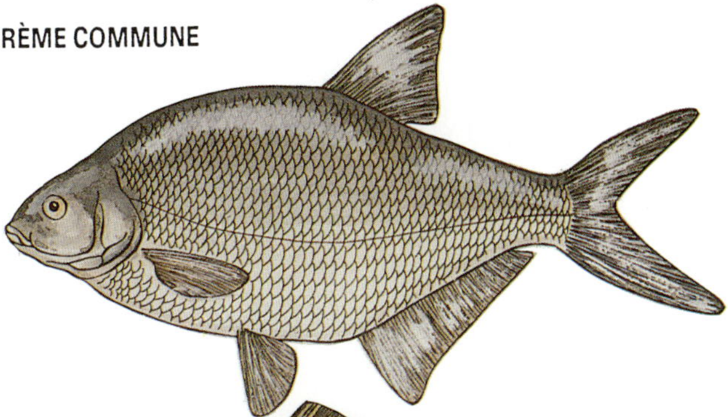

CARPE COMMUNE

CARPE MIROIR

CHEVESNE

CARASSIN

ÉPINOCHE

GARDON

GOUJON

GRÉMILLE

HOTU

IDE

LAVARET

LOTE

OMBLE CHEVALIER

OMBLE DE FONTAINE

OMBRE COMMUN

PERCHE

PERCHE-SOLEIL

POISSON-CHAT

ROTENGLE

SANDRE

SAUMON

SILURE

TANCHE

TRUITE FARIO

TRUITE ARC-EN-CIEL

TRUITE DE MER

VANDOISE

VAIRON

RECONNAISSANCE DES POISSONS DE MER

ATHÉRINE

BAR

BAUDROIE

BLENNIE

CARRELET

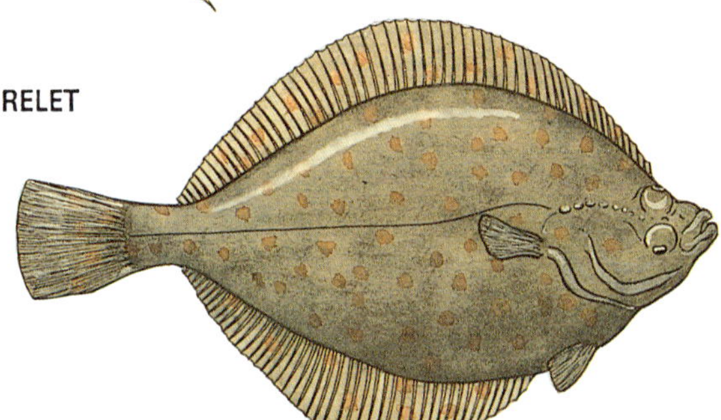

CONGRE

DAURADE

ÉQUILLE

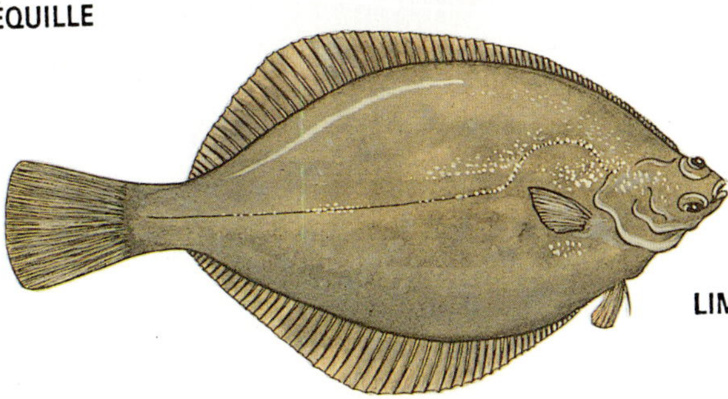

LIMANDE

GIRELLE

GOBIE

LIEU NOIR

FLET

MAQUEREAU

MERLAN

MÉROU

MORUE

MULET

MURÈNE

ORPHIE

PAGEOT COMMUN

PETITE ROUSSETTE

PETITE VIVE

RASCASSE

RAIE

ROUGET GRONDIN

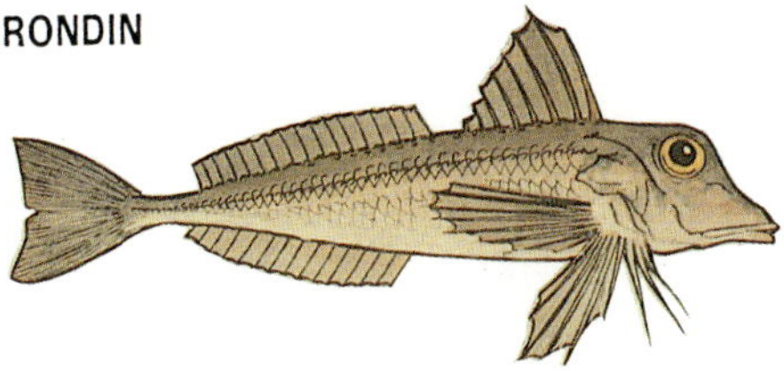

SAINT-PIERRE

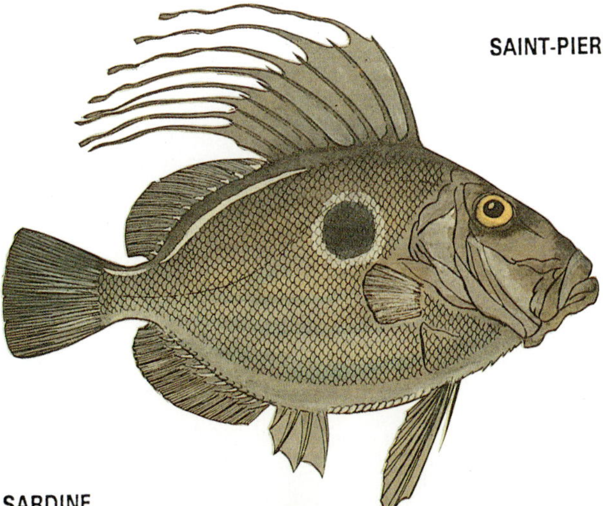

SARDINE

SOLE

TACAUD

THON

TURBOT

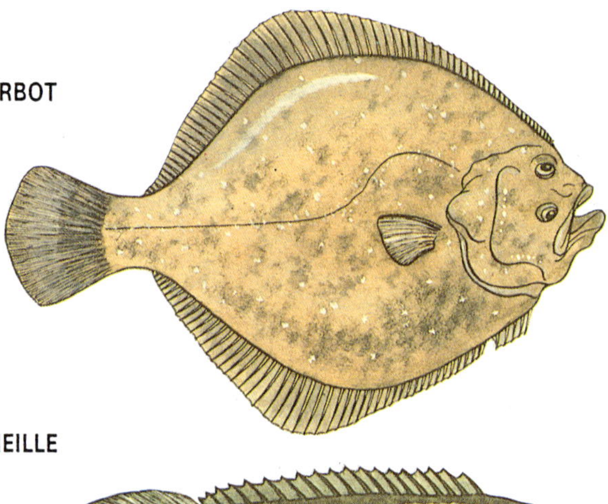

VIEILLE

TABLE DES MATIÈRES

La photographie page 10 est de Jean-Marie Morelli.

Imprimé en France par l'imprimerie Pollina s.a., à Luçon (85) - n° 45497
I.S.B.N. 978.2.7373.1846.7 - Dépôt légal : mars 1995
N° d'éditeur : 3235.10.06.12.07
www.editionsouestfrance.fr